基礎基本シリーズ⑤

最新 総合的な学習(探究)の時間

原田恵理子
森山賢一 　編著

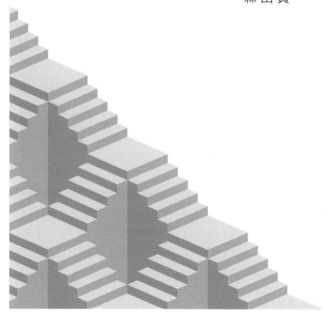

大学教育出版

は じ め に

　平成29（2017）年に小学校学習指導要領と中学校学習指導要領が、平成30（2018）年に高等学校学習指導要領が告示されたが、そこでは特に以下に示す3つのことが重要な点である。

　第1は、育成を目指す資質・能力の明確化である。知徳体にわたる「生きる力」を児童生徒に育むために、「何のために学ぶのか」という各教科等を学ぶ意義を共有しながら、授業の創意工夫や教科書等の教材の改善を引き出していくことができるように、すべての教科等の目標や内容を「知識及び技能」「思考力、判断力、表現力等」「学びに向かう力、人間性等」の3つの柱で再整理していることである。

　第2は、「主体的・対話的で深い学び」の実現に向けた授業改善の推進である。これは、アクティブ・ラーニングの視点に立った授業改善であり、我が国の優れた教育実践に見られる普遍的な視点を学習指導要領に明確な形で規定したものである。

　第3は、各学校におけるカリキュラム・マネジメントの推進である。児童生徒や学校、地域の実態を適切に把握し、教育の目的や目標の実現に必要な教育の内容等と教科等を横断的な視点で組み立てていくこと、教育課程の実施状況を評価してその改善を図っていくこと、教育課程の実施に必要な人的または物的な体制を確保するとともにその改善を図っていくことなどを通して、教育課程に基づき組織的かつ計画的に各学校の教育活動の質の向上を図っていくことである。

　これらのことを踏まえて、小・中学校の総合的な学習の時間においては、探究的な学習の過程を一層重視し、各教科等で育成する資質・能力を相互に関連付け、実社会・実生活において活用できるものとするとと

もに、各教科等を越えた学習の基盤となる資質・能力を育成することとされ、目標の改善をはじめ、学習内容・学習指導の改善・充実が示された。

　高等学校においては名称を「総合的な探究の時間」に変更し、小・中学校における総合的な学習の時間の取り組みを基盤とした上で、各教科・科目等の特質に応じた「見方・考え方」を総合的・統合的に働かせることに加え、自己の在り方生き方に照らし、自己のキャリア形成の方向性と関連付けながら、「見方・考え方」を組み合わせて統合させ、働かせながら、自ら問いを見いだし、探究する力を育成することとされ、目標の改善をはじめ、学習内容、学習指導の改善・充実が示された。

　本書は、新しい学習指導要領に描かれた「総合的な学習の時間」及び「総合的な探究の時間」の趣旨を踏まえて、わかりやすく、活用しやすいようにまとめられたものである。

　本書が、各学校の先生方をはじめ、大学、大学院において教師を目指す学生の皆さんに活用されることを期待している。

　令和3年4月

　　　　　　　　　　　　　　　　　　　　　　　森山　賢一

基礎基本シリーズ ⑤

最新 総合的な学習（探究）の時間

目　次

第1章

総合的な学習の時間の目標と特質
·········

1　総合的な学習の時間の目標の構成と趣旨

（1）総合的な学習の時間の目標の構成

　小学校学習指導要領「総合的な学習の時間」、ならびに中学校学習指導要領「総合的な学習の時間」については、平成29（2017）年3月31日に改訂され、令和2（2020）年度から全面的に実施されている。これまで総合的な学習の時間は学校が地域や学校、児童生徒の実態等に応じて、教科等の枠を超えた横断的・総合的な学習とすることと同時に、探究的な学習や協働的な学習とすることが重要であるとされてきた。

　ここでは探究的な学習を実現するために「①課題の設定→②情報の収集→③整理・分析→④まとめ・表現」の探究のプロセスを明示して、学習活動を発展的に繰り返していくことが重視されてきた。その上で、課題とさらなる期待として以下の2点が示された。

・総合的な学習の時間を通してどのような資質・能力を育成するのかということや、総合的な学習の時間と各教科等との関連を明らかにするということについては学校により差がある。

・探究のプロセスの中でも「整理・分析」「まとめ・表現」に対する取り組みが十分ではないという課題がある。探究のプロセスを通じた一人一人の資質・能力の向上をより一層意識することが求められる。

　これらのことを踏まえ、ねらいや育成を目指す資質・能力を明確にし、その特質と目指すところが何かを端的に目標に示した。

第1　目標
　探究的な見方・考え方を働かせ、横断的・総合的な学習を行うことを通して、よりよく課題を解決し、自己の生き方を考えていくための資質・能力を次のとおり育成することを目指す。
(1)　探究的な学習の過程において、課題の解決に必要な知識及び技能を身に付け、課題に関わる概念を形成し、探究的な学習のよさを理解するようにする。
(2)　実社会や実生活の中から問いを見いだし、自分で課題を立て、情報を集め、整理・分析して、まとめ・表現することができるようにする。
(3)　探究的な学習に主体的・協働的に取り組むとともに、互いのよさを生かしながら、積極的に社会に参画しようとする態度を養う。

　この第1の「目標」は2つの要素で構成されている。

　1つは、総合的な学習の時間に固有な見方・考え方を働かせて、横断的・総合的な学習を行うことを通してよりよく課題を解決し自己の生き方を考えていくための資質・能力を育成するといった、まさに総合的な学習の時間の特質を踏まえた学習過程の在り方である。

　いま1つは、総合的な学習の時間を通して育成することを目指す資質・能力として示されている(1)、(2)、(3)である。育成することを目指す資質・能力としては他の教科等と同様に、(1)では「知識及び技能」が、(2)では「思考力、判断力、表現力等」が、さらに(3)では「学びに向かう力、人間性等」が示されている。

　このように、総合的な学習の時間の目標は「探究的な見方・考え方」を働かせ、総合的・横断的な学習を行うことを通して、よりよく課題を解決し、自己の生き方を考えていくための資質・能力を育成することを目指すものであることが明確化されている。

（2）総合的な学習の時間の目標の趣旨

　総合的な学習の時間の本質は、探究的な見方・考え方を働かせること
であるとし、その学習では、問題解決的な活動が発展的に繰り返されて
いく特質をもっている。これを探究的な学習と呼んでおり、平成20
（2008）年小学校学習指導要領「総合的な学習の時間編」では「探究的な
学習における児童の学習の姿」、平成20年中学校学習指導要領「総合的
な学習の時間編」では「探究的な学習における生徒の学習の姿」として、
「探究的な学習」の一連の学習過程が示されている。

①　日常生活や社会に目を向け、児童生徒が自ら課題を見つけ設定する。

②　そこにある具体的な問題について情報を収集する。

③　その情報を整理・分析したり、知識や技能に結び付けたり、考えを
　　出し合ったりしながら問題の解決に取り組む。

④　これらの探究の過程の中で、明らかになった考えや意見などをまと
　　め、表現し、またそこから新たな課題を見つけ、さらなる問題の解決
　　をはじめるといった学習活動、すなわち、探究の過程から繰り返され
　　る。

　つまり、探究的な学習とは、物事の本質をもって見極めようとする一
連の知的営みである。このような探究のプロセスを支えるのが探究的な
見方・考え方なのである。この探究的な見方・考え方には2つの要素が
含まれる。

　1つは、各教科等における見方・考え方を総合的に働かせるというこ
とで、もう1つは、総合的な学習の時間に固有な見方・考え方を働かせ
ることである。この固有の見方・考え方とは、特定の教科等の視点だけ
でとらえきれない広範な事象を、多様な角度から俯瞰してとらえること
であり、また、課題の探究を通して自己の生き方を問い続けるというも
のである。

　横断的・総合的な学習を行うということは、この時間の学習の対象や領域が特定の教科等にとどまらず、横断的・総合的でなければならないことを表している。つまりは、この時間に行われる学習においては、教科等の枠を超えて探究する価値のある課題について、各教科等で身に付けた資質・能力を活用・発揮しながら解決に向けて取り組んでいくこととも言える。

　したがって、総合的な学習の時間では、各学校が目標を実現するにふさわしい探究課題を設定することが必要である。具体的にその課題をあげれば、国際理解、情報、環境、福祉、健康などの現代的な諸課題に対応する課題をはじめ、地域や学校の特色に応じた課題、児童生徒の興味・関心に基づく課題などである。

　総合的な学習の時間に育成する資質・能力については、よりよく課題を解決し、自己の生き方を考えていくために必要であるとされている。これは、この時間における資質・能力は、探究課題を解決するためのものであり、またそれを通して、自己の生き方を考えることにつながるものでなければならないことを示している。

　よりよく課題を解決するとは、解決の道筋がすぐには明らかにならない課題や唯一の正解が存在しない課題などについても、自らの知識や技能等を総合的に働かせて、目前の具体的な課題に粘り強く対処し解決しようとすることである。

　さらに自己の生き方を考えていくことは、人や社会、自然とのかかわりにおいて、自らの生活や行動について考えていくこと、自分にとっての学ぶことの意味や価値を考えていくこと、これらの2つを生かしながら、学んだことを現在及び将来の自己の生き方につなげて考えることの3つをあげることができる。総合的な学習の時間においては、具体的な活動であったり、事象とのかかわりをよりどころとしながら、多様な視点を踏まえることが重要となる。

2　総合的な学習の時間で育成することを目指す資質・能力

（1）育成を目指す資質・能力の明確化と総合的な学習の時間

　今回の学習指導要領改訂においては、「生きる力」をより具体化し、教育課程全体を通して育成を目指す資質・能力を、「何を理解しているか、何ができるか（知識・技能の習得）」「理解していること・できることをどう使うか（未知の状況にも対応できる『思考力・判断力・表現力等』の育成）」「どのように社会・世界と関わり、よりよい人生を送るか（学びを人生や社会に生かそうとする『学びに向かう力・人間性等』の涵養）」の３つの柱に整理し、各教科等の目標や内容においても、これらの３つの柱に基づく再整理がなされた。

　したがって、総合的な学習の時間で育成することを目指す資質・能力についても、他教科等と同様に、小学校学習指導要領「総則」ならびに中学校学習指導要領「総則」に示された「知識及び技能」「思考力、判断力、表現力等」「学びに向かう力、人間性等」という３つの柱から明示されている。

　以下に総合的な学習の時間の「第1　目標」の(1)〜(3)に沿って目指す資質・能力について要点をまとめる。

> (1) 探究的な学習の過程において、課題の解決に必要な知識及び技能を身に付け、課題にかかわる概念を形成し、探究的な学習のよさを理解するようにする。

　総合的な学習の時間の内容については、各学校において定めるものであるため、従来は、身に付ける資質能力として、どのような知識を身に付けることが必要かということについては、具体的には示されなかった。

しかし、言うまでもなく、この時間を通して、児童生徒が身に付ける知識は質・量ともに大きな意味をもつのである。

ここでの知識は、探究の過程を通して、自分自身で取捨選択し、整理し、すでにもっている知識や体験と結び付けながら、構造化し、身に付けていくものであり、このことで概念が形成されていくのである。技能についても同様であり、探究を進める中でより高度な技能が求められ、さらには技能と技能が関連付けられて構造化されて、統合的に活用されるようにもなる。

探究的な学習のよさを理解するとういことは、様々な場面で児童生徒自らが、探究的に学習を進めるようになることが、そのよさを理解した証となる。また、身に付けた知識及び技能や思考力、判断力、表現力等が総合的に活用、発揮されることは探究的な学習のよさである。

> (2) 実社会や実生活の中から問いを見いだし、自分で課題を立て、情報を集め、整理・分析して、まとめ・表現することができるようにする。

主として「思考力、判断力、表現力等」の資質・能力に対応するものとしては、実社会や実生活の中から問いを見いだし、自分で課題を立て、情報を集め、整理・分析してまとめ・表現するといった探究的な学習の過程において発揮される力が示されている。

> (3) 探究的な学習に主体的・協働的に取り組むとともに、互いのよさを生かしながら、積極的に社会に参画しようとする態度を養う。

総合的な学習の時間を通して、自ら社会にかかわり参画しようとする意志、社会と創造する主体としての自覚が、一人一人の児童生徒の中に徐々に育成されることが期待されており、実社会や実生活の課題を探究しながら、自己の生き方を問い続ける姿が一人一人の児童生徒に涵養されることが求められているのである。

　この「学びに向かう力、人間性等」は、よりよい生活や社会の創造に向け、自他を尊重すること、自ら取り組んだり異なる他者と力を合わせたりすること、社会に寄与し貢献することなどの適正かつ好ましい態度として、「知識及び技能」「思考力、判断力、表現力等」を活用、発揮しようとすることと考えることができるのである。

　この育成を目指す資質・能力である3つの柱は、それぞれ個別に育成されるといったものではない。探究的な学習において、よりよい課題の解決にしっかりと取り組んでいく中で相互にかかわり合いながら高められていくものとしてとらえることが必要である。

（2）「主体的・対話的で深い学び」の実現に向けた総合的な学習の時間の授業改善

　今回の学習指導要領改訂において、我が国の優れた教育実践に見られる普遍的な視点である「主体的・対話的で深い学び」の実現に向けた授業改善を推進することが求められている。つまりは、「主体的・対話的で深い学び」に向けた授業改善を行うことによって、学校教育における質の高い学びを実現し、子どもたちが学習内容を深く理解し、資質・能力を身に付け、生涯にわたって能動的（アクティブ）に学び続けるようにすることが求められている。

　「主体的な学び」とは、「学ぶことに興味や関心を持ち、自己のキャリア形成の方向性と関連付けながら、見通しを持って粘り強く取り組み、自己の学習活動を振り返って次につなげる」ことであり、そのためには、子ども自身が興味を持って学習活動に積極的に取り組むとともに、学習活動を自ら振り返って意味付けたり、身に付いた資質・能力を自覚したり、共有したりすることが重要である。

　総合的な学習の時間においては、学習したことをまとめて表現し、そこからまた新たな課題を見つけ、さらなる問題の解決を始めるといった

学習活動を発展的に繰り返していく過程を重視してきたわけである。このような学習過程の中で、児童生徒が主体的に学んでいく上では、課題設定の振り返りが重要である。

「対話的な学び」とは、子ども同士の協働、教職員や地域の人との対話、先哲の考え方を手掛かりに考えること等を通じ、自己の考えを広げ深めることである。

総合的な学習の時間においては、子ども同士の対話は当然であるが、担当教員のみならず、校内の様々な教職員をはじめ、地域の人々から多くの情報を得る機会が、学習活動の過程でふんだんに準備されている。まさに教職員をはじめ、地域の人々との対話による学習の深まりをみることができる。

これまでも総合的な学習の時間においては、探究的な学習の過程を質的に高めていくために、異なる多様な他者と力を合わせて課題の解決に向かうことが不可欠とされている。ここで行われる異なる多様な他者と対話することには、以下にあげる3つの価値が考えられる。

1つは他者への説明による情報としての知識や技能の構造化、2つは他者からの多様な情報収集、3つは他者とともに新たな知を創造する場の構築と課題解決に向けた行動への期待である。

「深い学び」とは、習得・活用・探究という学びの過程で、各教科等の特質に応じた「見方・考え方」を働かせながら、知識を相互に関連付けてより深く理解したり、情報を精査して考えを形成したり、問題を見いだして解決策を考えたり、思いや考えをもとに創造したりすることに向かうことである。

総合的な学習の時間においては、探究的な学習の過程で、各教科で身に付けた「知識及び技能」「思考力、判断力、表現力等」の資質・能力を活用、発揮する学習場面を多く生み出すことが期待されている。このことによって、各教科等で身に付けた「知識及び技能」は関連付けられ

て概念化され、「思考力、判断力、表現力等」は汎用的なものとなる。したがって、総合的な学習の時間における探究的な学習の過程の充実は深い学びの重要な要素なのである。

　なお、主体的な学び、対話的な学び、深い学びといった学びは、同時に生起するものである。主体的な学びに向かうことは、対話的な学び、深い学びを生み出すためには必要不可欠あり、対話的に学ぶことによって主体的に学ぶ意味が明確化され、知識はしっかりと構造的な理解へと進む。授業改善の視点の最も重要な点は、この3つの学びが有機的につながり、初めて質の高い学びが実現されることなのである。

　今回の学習指導要領改訂においては、この「主体的・対話的で深い学び」の実現に向けた授業改善を進める際の指導上の配慮事項を「総則」に記載している。そして、各教科等の「第3　指導計画の作成と内容の取扱い」において、単元や題材などの内容や時間のまとまりを見通して、その中で目指す資質・能力の育成に向けて、「主体的・対話的で深い学び」を実現するために授業改善を進めることを示している。その際、以下の6項目に留意して取り組むことが重要であるとした。

　ア　児童生徒に求められる資質・能力を育成することを目指した授業改善の取組は、既に小・中学校を中心に多くの実践が積み重ねられており、特に義務教育段階はこれまで地道に取り組まれ蓄積されてきた実践を否定し、全く異なる指導方法を導入しなければならないと捉える必要はないこと。

　イ　授業の方法や技術の改善のみを意図するものではなく、児童生徒に目指す資質・能力を育むために「主体的な学び」、「対話的な学び」、「深い学び」の視点で、授業改善を進めるものであること。

　ウ　各教科等において通常行われている学習活動（言語活動、観察・実験、問題解決的な学習など）の質を向上させることを主眼とするものであること。

　エ　1回1回の授業で全ての学びが実現されるものではなく、単元や題

材など内容や時間のまとまりの中で、学習を見通し振り返る場面をどこに設定するか、グループなどで対話する場面をどこに設定するか、児童生徒が考える場面と教員が教える場面をどのように組み立てるかを考え、実現を図っていくものであること。

オ　深い学びの鍵として「見方・考え方」を働かせることが重要になること。各教科等の「見方・考え方」は、「どのような視点で物事を捉え、どのような考え方で思考していくのか」というその教科等ならではの物事を捉える視点や考え方である。各教科等を学ぶ本質的な意義の中核をなすものであり、教科等の学習と社会をつなぐものであることから、児童生徒が学習や人生において「見方・考え方」を自在に働かせることができるようにすることにこそ、教師の専門性が発揮されることが求められること。

カ　基礎的・基本的な知識及び技能の習得に課題がある場合には、その確実な習得を図ることを重視すること。

【引用・参考文献】

文部科学省 2008　小学校学習指導要領解説 総合的な学習の時間編　東洋館出版社
文部科学省 2008　中学校学習指導要領解説 総合的な学習の時間編　教育出版
文部科学省 2009　高等学校学習指導要領解説 総合的な学習の時間編　海文堂出版
文部科学省 2017　小学校学習指導要領解説　総則編　東洋館出版社
文部科学省 2017　中学校学習指導要領解説　総則編　東山書房
文部科学省 2017　小学校学習指導要領解説 総合的な学習の時間編　東洋館出版社
文部科学省 2017　中学校学習指導要領解説 総合的な学習の時間編　東山書房
文部科学省 2018　高等学校学習指導要領解説　総則編　東洋館出版社
文部科学省 2018　高等学校学習指導要領解説 総合的な探究の時間編　学校図書

第2章
総合的な探究の時間の特質と目標
··········

1　総合的な探究の時間の特質

（1）総合的な学習の時間と総合的な探究の時間

　平成30（2018）年告示の高等学校学習指導要領「総合的な探究の時間編」においては、これまでの多くの成果を踏まえた上で課題となる期待として以下の4点が示され、改訂に大きく反映されるに至った。

・総合的な学習の時間を通して、どのような資質・能力を育成するのかということや、総合的な学習の時間と各教科・科目等との関連を明らかにするということについては学校により差がある。これまで以上に総合的な学習の時間と各教科・科目等の相互のかかわりを意識しながら、学校全体で育てたい資質・能力に対応したカリキュラム・マネジメントが行われるようにすることが求められている。

・探究のプロセスの中でも、「整理・分析」「まとめ・表現」に対する取り組みが十分でないという課題がある。探究のプロセスを通じた一人一人の資質・能力の向上をより一層意識することが求められる。

・地域の活性化につながるような事例が生まれている一方で、本来の趣旨を実現できていない学校もあり、小・中学校の取り組みの成果の上に高等学校にふさわしい実践が十分展開されているとは言えない状況にある。

・各学校段階における総合的な学習の時間の実施状況や、義務教育9年間の修了時及び高等学校修了時までに育成を目指す資質・能力、高大接続改革の動向等を考慮すると、高等学校においては、小・中学校における総合的な学習の時間の取り組みの成果を生かしつつ、より探究的な活動を重視する視点から、位置付けを明確化し直すことが必要と考えられる。

　改訂の基本的な考え方として、高等学校教育課程におけるこれまでの「総合的な学習の時間」を「総合的な探究の時間」に変更し、小・中学校における総合的な学習の時間の取り組みを基礎とした上で、各教科・科目と等の特質に応じた「見方・考え方」を総合的・統合的に働かせることに加え、自己の在り方生き方に照らし、自己のキャリア形成の方向性と関連付けながら、「見方・考え方」を組み合わせて統合させ、働かせながら、自ら問いを見いだし、探究する力を育成するようにした。

　新しくなった高等学校学習指導要領においては、新たに総合的な探究の時間の特質についての規定がなされている。ここでは「探究が高度化し、自律的に行われること」「他教科・科目における探究との違いを踏まえること」という2つの視点について示すことにする。

　これまで総合的な学習の時間は、小学校第3学年から高等学校修了時までの教育課程に位置付けられてきたが、平成30（2018）年の学習指導要領改訂で、高等学校については総合的な探究の時間と名称が変更された。これの意味することは、総合的な学習の時間と総合的な探究の時間には共通性と連続性の2つの要素が存在すること、さらには、一部異なる特質も存することと理解することができる。

　このことが、最も端的に表されているのが「第1　目標」である。平成29（2017）年告示の小学校学習指導要領、中学校学習指導要領における総合的な学習の時間の第1の目標は、「探究的な見方・考え方を働か

せ、横断的・総合的な学習を行うことを通して、よりよく課題を解決し、自己の生き方を考えていくための資質・能力を次の通り育成することを目指す」である。

　平成30年告示の高等学校学習指導要領における総合的な探究の時間の第1の目標は、「探究の見方・考え方を働かせ、横断的・総合的な学習を行うことを通して、自己の在り方生き方を考えながら、よりよく課題を発見し解決していくための資質・能力を次の通り育成することを目指す」である。

　いま見たように、この両者の違いは、生徒の発達段階において求められる探究の姿とかかわっており、課題と自分自身との関係で考えることができる。すなわち、総合的な学習の時間は、課題を解決することで自己の生き方を考えていく学びである。一方、総合的な探究の時間は、自己の在り方生き方と一体的で不可分な課題を自ら発見し、解決していくような学びを展開していくものである。

　高等学校においてこのような生徒の姿を実現していくにあたっては、生徒が取り組む探究がより洗練された質の高いものであることが求められるのである。ここで言う質の高い探究は2つの点から考えることができる。1つは、探究の過程が高度化するということ、もう1つは、探究が自律的に行われるということである。

　探究過程の高度化の意味は、目的と解決の方法に矛盾がないという整合性、適切に資質・能力を活用している効果性、焦点化し深く掘り下げて探究している鋭角性、幅広い可能性を視野に入れながら探究している広角性といった姿としてとらえることができる。

　また探究が自律的に行われるということは、自分にとってかかわりが深い課題になる自己課題探究の過程を見通しつつ、自分の力で進めている姿や、得られた知見を生かして社会参画しようとする姿などでとらえることができる。

（2）他教科・科目における探究と総合的な探究の時間

　新しくなった学習指導要領においては、さきに述べたように総合的な学習の時間という名称が総合的な探究の時間へ変更されたが、科目名称に探究が入っている科目も新設されている。

　教科国語においては古典探究、教科地理・歴史では地理探究・日本史探究・世界史探究、理数系教科においては理数探究基礎・理数探究である。

　これらの科目は、当該の教科・科目における理解をより深めるために探究を重視する方向で見直しが図られたものである。総合的な探究の時間で行われる探究については、基本的に以下に示す3点において、他教科・科目において行われる探究と異なっている。

① 　総合的な探究の時間の対象や領域は、特定の教科・科目等にとどまらず、横断的・総合的であること。

② 　複数の教科・科目等における見方・考え方を複合的・統合的に働かせて探究すること。

③ 　総合的な探究の時間における学習活動では、解決の道筋がすぐには明らかにならない課題や、唯一の正解が存在しない課題に対して、最適解や納得解を見いだすことを重視すること。

　したがって、高等学校においては、総合的な探究の時間の探究と教科・科目における探究の双方がしっかりと教育課程上に位置付いて、それぞれがその特性を生かし充実することによって豊かな教育課程が実現するのである。

2　総合的な探究の時間の目標の構成と趣旨

（1）総合的な探究の時間の目標の構成

　総合的な探究の時間の目標は以下のように示されている。

第1　目標

探究の見方・考え方を働かせ、横断的・総合的な学習を行うことを通して、自己の在り方生き方を考えながら、よりよく課題を発見し解決していくための資質・能力を次のとおり育成することを目指す。

① 　探究の過程において、課題の発見と解決に必要な知識及び技能を身に付け、課題に関わる概念を形成し、探究の意義や価値を理解するようにする。

② 　実社会や実生活と自己との関わりから問いを見いだし、自分で課題を立て、情報を集め、整理・分析して、まとめ・表現することができるようにする。

③ 　探究に主体的・協働的に取り組むとともに、互いのよさを生かしながら、新たな価値を創造し、よりよい社会を実現しようとする態度を養う。

　この「第1　目標」は大きく分けると、2つの要素で構成されている。

　まず1つは、総合的な探究の時間に固有な見方・考え方を働かせて、横断的・総合的な学習を行うことを通して、自己の在り方生き方を考えながら、よりよく課題を発見し解決していくための資質・能力を育成するという、すなわち、総合的な探究の時間の特質を踏まえた学習過程の在り方である。

　もう1つは、目標の①、②、③として示している、総合的な探究の時間を通して育成することを目指す資質・能力であり、ここでの育成を目指す資質・能力が他教科と同様に示されている。①においては、総合的な探究の時間において育成を目指す「知識及び技能」であり、②では

「思考力、判断力、表現力等」、③においては、「学びに向かう力、人間性等」である。

（2）総合的な探究の時間の目標の趣旨

　総合的な探究の時間の本質は、探究の重要性に鑑み、探究の過程であり、そこでは探究の見方・考え方を働かせるということが目標の中心に位置付くといえる。総合的な探究の時間での学習において探究とは、問題解決的な学習が発展的に繰り返されていくことを意味する。小・中学校での総合的な学習の時間においては、「探究的な見方・考え方を働かせる」（下線筆者）と示されているが、総合的な探究の時間においては、「探究の見方・考え方を働かせる」（下線筆者）とされている。

　生徒は、日常生活や社会に目を向け、自ら課題を設定する。その情報を収集して整理・分析し、まとめ・表現し、そこからまた新たな課題を見つけ、さらなる問題の解決を始めるといった探究の過程が繰り返されるのである。要するに、探究とは物事の本質を自己とのかかわりで探り、見極めようとする一連の知的営みといえるのである。このような探究のプロセスを支えるのが「探究の見方・考え方」であり、これには2つの要素が含まれる。

　1つは、各教科・科目等における見方・考え方を総合的・統合的に働かせるということであり、総合的な探究の時間における学習では、各教科・科目等の特質に応じた見方・考え方を、探究の過程において、適宜必要に応じて総合的・統合的に活用することである。

　2つは、総合的な探究の時間に固有な見方・考え方を働かせることである。このことは、特定の教科・科目等の視点だけでとらえきれない広範かつ複雑な事象を多様な角度から俯瞰してとらえることであり、また、実社会や実生活の複雑な文脈や自己の在り方生き方と関連付けて問い続けるという、総合的な探究の時間に特有の物事をとらえる視点や考え方

である。

　なお、系統的に構造化された内容を学ぶ教科・科目等の学習と教科・科目等の横断的な学習である総合的な探究の時間の往還が行われることが重要であり、我が国の教育課程の大きな特徴でもある。

　総合的な探究の時間は横断的・総合的な学習を行う特徴があるが、これは、この時間の学習の対象や領域が、特定の教科・科目等にとどまらず、教科・科目等の枠を超えて探究する価値のある課題について、各教科・科目等で身に付けた資質・能力を活用・発揮しながら、解決に向けて取り組んでいくことである。したがって、総合的な探究の時間においては、各学校が目標を実現するにふさわしい探究課題を設定することが必要となる。具体的に探究課題をあげれば、国際理解、情報、環境、福祉・健康などの現代的な諸課題に対応する横断的・総合的な課題、地域や学校の特色に応じた課題、生徒の興味・関心に基づく課題、職業や自己の進路に関する課題などである。

　総合的な探究の時間に育成する資質・能力については、自己の在り方生き方を考えながら、よりよく課題を発見し解決していくものと示されている。このことは、小・中学校の総合的な学習の時間と異なっており、自己の在り方生き方と一体的で不可分な課題を自ら発見し、解決していくような学びを展開していくことを明示しているのである。

　この「自己の在り方生き方を考える」ということについては、次にあげる3つの角度から考えることができるとしている。

　1つは、人や社会、自然とのかかわりにおいて、自らの生活や行動について考え、社会や自然の一員として、人間として何をすべきか、どのようにすべきかなどを考えることである。

　2つは、自分にとっての学ぶことの意味や価値を考えることである。

　3つは、さきに述べた2つを生かしながら、学んだことを現在及び将来の自己の在り方生き方につなげて考えることである。したがって総合

的な探究の時間においては、自己の在り方生き方を考えながら、課題の解決に向かうということは、生徒がこれらの3つのことについて自覚しながら、探究に取り組むことを意味しているである。

　さらによりよく課題を発見し、解決していくということは、解決の道筋がすぐには明らかにならない課題や、唯一の正解が存在しない課題などについても、生徒が自らの知識や技能等を総合的に働かせ、目前の具体的な課題に粘り強く対処し、解決しようとすることであり、生徒自身が課題を発見することが重要なのである。その際には、自分と課題との関係を明らかにすることと実社会や実生活と課題との関係をはっきりさせるといったことをしっかりと押さえることが必要である。

　このことを踏まえて、より高度な資質・能力を形成するためには、既有の資質・能力を用いて課題の発見や解決をしていくことが求められる。

（3）総合的な探究の時間で育成することを目指す資質・能力

　平成30（2018）年の学習指導要領改訂においては、「生きる力」をより具体化し、教育課程全体を通して、育成を目指す資質・能力を、①「何を理解しているか、何ができるか（生きて働く「知識・技能」の習得）」、②「理解していること・できることをどう使うか（未知の状況にも対応できる「思考力・判断力・表現力等」の育成）」、③「どのように社会・世界と関わり、よりよい人生を送るか（学びを人生や社会に生かそうとする「学びに向かう力・人間性等」の涵養）」の3つの柱に整理され、各教科等の目標や内容は、この3つの柱に基づいて再整理が図られた。

　したがって、知・徳・体にわたる「生きる力」を生徒に育むために「何のために学ぶのか」という各教科等を学ぶ意義を共有しつつ、授業の創意工夫や教科書等の教材の改善を引き出していくことができるようにするために、すべての教科等の目標や内容を「知識及び技能」「思考

力、判断力、表現力等」「学びに向かう力、人間性等」の3つの柱で再整理がなされた。

　総合的な探究の時間においては、この時間で育成することを目指す資質・能力について、上述のように他教科と同様な形で、高等学校学習指導要領「総則」に示された「知識及び技能」「思考力、判断力、表現力等」「学びに向かう力、人間性等」という3つの柱から明示されている。

　以下に、総合的な探究の時間の「第1　目標」の①～③に沿って目指す資質・能力について要点をまとめる。

① 　総合的な探究の時間の内容については、各学校において定めるものであるため、従来は、この時間において身に付ける資質・能力は具体的に示されていなかった。しかし、総合的な探究の時間においては探究の見方・考え方を働かせて、各教科・科目等横断的・総合的な学習に取り組むといった各教科・科目等とは異なった学習によって知識が育まれるのである。つまり、総合的な探究の時間の学習の特質は、探究の過程を通して自分自身で取捨選択して整理し、すでにもっている知識や経験と結び付けながら構造化し、身に付けていく特徴をもつ。

　このような過程を経ることによって獲得された知識は、実社会や実生活における様々な課題の解決に活用可能な、生きて働く知識、すなわち概念が形成される。

　また、生徒が学習内容を人生や社会の在り方と結び付けて深く理解し、これからの時代に求められる資質・能力を身に付け、生涯にわたって能動的に学び続けることができるようにするためには、学習の質を一層高めていく授業改善の取り組みを活性化することが必要である。このことから、新しくなった学習指導要領においては、明確な形で「主体的・対話的で深い学び」の実現に向けた授業改善（アクティブ・ラーニングの視点に沿った授業改善）が示された。

　各教科・科目等においては「主体的・対話的で深い学び」を通して、

事実的に知識から概念を獲得することを目指しており、総合的な探究の時間では、各教科・科目等で習得した概念を実生活の課題解決に活用することにより、汎用的に活用できる概念を形成することができるのである。技能についても同様である。技能と技能が関連付けられて構造化がなされ、総合的に活用されるのである。

　また、生徒が探究の意義や価値を理解するためには、この時間で行う探究が学習全般や生活と深くかかわっていることや学びという営みの本質であることへの自覚を大事にすることが不可欠である。さらに身に付けた知識及び技能や思考力、判断力、表現力等が総合的に活用、発揮されることが探究の意義や価値でもある。

② 「思考力、判断力、表現力等」に対応するものとして実社会や実生活を自己とのかかわりから問いを見いだし自分で課題を立て、情報を集め、整理・分析し、まとめ・表現するといったいわゆる探究の過程において発揮される力が示されている。

　「思考力、判断力、表現力等」は「知識及び技能」と別に存在していたり「知識及び技能」を抜きに育成できるものではないわけであるから、いかなる課題や状況に対しても「知識及び技能」が自在に駆使できるものとなるように指導を工夫することが必要である。

　つまり実社会や実生活の課題についての探究のプロセス（課題の設定→情報の収集→整理・分析→まとめ・表現）を通して、生徒自身が実際に考え、判断し、表現することを通して確実に身に付けていくものなのである。

③ 探究は生徒が身近な人々や社会、自然に興味・関心をもって、それらに意欲的にかかわろうとする主体的、協働的な態度が不可欠である。

　探究に主体的に取り組むというのは、「主体的」のそもそもの意味が示すように、自主的に、自らの意志や判断を尊重して実行することであり、他に強要されず、また嫌々や衝動的でもなく、自らの意思決

定で自発的に行動することである。つまり生徒自らが設定した課題の解決に向けて真剣に学習活動に取り組むことであり、解決のために見通しをもって自ら計画を立てて学習に向かう姿である。

　総合的な探究の時間において育成することを目指す資質・能力は、自己の在り方生き方を考えながら、よりよく課題を発見し解決していくための資質・能力である。こうした資質・能力を育むためには、自己の在り方生き方と一体的で不可分な課題を自ら発見し、よりよい解決に向けて自主的に取り組むことが重要なのである。

　一方、複雑な現代社会においては、いかなる問題においても、一人だけの力で成し遂げることは困難であると言わなければならない。このことが協働的に探究を進めることが求められる理由である。ここでの協働は単に協力して事にあたるといった意味とは異なり、それぞれのよさを生かしながら個人では創り出すことのできない価値を生み出すことを意味する。

　このように探究が主体的、協働的な学習活動として展開される中で互いの資質・能力を認め合い、相互に生かし合う関係が期待されるのである。

　さらに総合的な探究の時間を通して、自ら主体的にかかわり参画しようとする意志、社会を創造する主体としての自覚が、一人一人の生徒の中に育成されることが期待される。この「学びに向かう力、人間性等」については、よりよい生活や社会の創造に向けて、自他を尊重すること、自ら取り組んだり異なる他者と一緒に力を合わせたり、社会に寄与し貢献することなど適正かつ好ましい態度として「知識及び技能」「思考力、判断力、表現力等」を活用、発揮しようとすることと考えることができるのである。

　要するにこれらの総合的な探究の時間で育成することを目指す資質・

能力の3つの柱は個別に育成されるものではなく、探究の過程において、よりよい課題の解決に取り組む中で、相互にかかわり合いながら高められていくものとしてとらえておくことが必要である。

【引用・参考文献】

文部科学省 2008　小学校学習指導要領解説 総合的な学習の時間編　東洋館出版社
文部科学省 2008　中学校学習指導要領解説 総合的な学習の時間編　教育出版
文部科学省 2009　高等学校学習指導要領解説 総合的な学習の時間編　海文堂出版
文部科学省 2017　小学校学習指導要領解説　総則編　東洋館出版社
文部科学省 2017　中学校学習指導要領解説　総則編　東山書房
文部科学省 2017　小学校学習指導要領解説 総合的な学習の時間編　東洋館出版社
文部科学省 2017　中学校学習指導要領解説 総合的な学習の時間編　東山書房
文部科学省 2018　高等学校学習指導要領解説　総則編　東洋館出版社
文部科学省 2018　高等学校学習指導要領解説 総合的な探究の時間編　学校図書

各学校において定める目標及び内容

....

1 総合的な学習の時間での各学校において定める 目標及び内容

（1）各学校において定める目標

　各学校は、小学校学習指導要領「第5章 総合的な学習の時間」、中学校学習指導要領「第4章 総合的な学習の時間」において、第1に示された総合的な学習の時間の目標を踏まえて、各学校の総合的な学習の時間の目標や内容を適切に定め、創意工夫を生かした特色のある教育活動を展開する必要がある。このことは総合的な学習の時間の教育課程上大きな特質となっている。

　平成29（2017）年告示の小学校学習指導要領「第5章 総合的な学習の時間」、中学校学習指導要領「第4章 総合的な学習の時間」では、各学校において定める目標や内容についての考え方について「第3 指導計画の作成及び内容の取扱い」から「第2 各学校において定める目標及び内容」へと移すことによって、明確に示されている。

　小学校学習指導要領「第5章 総合的な学習の時間　第2 各学校において定める目標及び内容　1 目標」の中に「各学校においては、第1の目標を踏まえ、各学校の総合的な学習の時間の目標を定める」と示されている。また、中学校学習指導要領「第4章 総合的な学習の時間　第

2 各学校において定める目標及び内容　1　目標」の中に「各学校において第1の目標を踏まえ、各学校の総合的な学習の時間の目標を定める」と示されている。

　各学校においては、第1の目標を踏まえて、各学校の総合的な学習の時間の目標を定め、その実現を目指さなければならない。この目標は、各学校が総合的な学習の時間での取り組みを通して、どのような児童生徒を育てたいのか、また、どのような資質・能力を育てようとするのか等を明確にしたものである。

　各学校においては、総合的な学習の時間の目標を定めるにあたって、第1の目標を踏まえるということは、当然、第1の目標の趣旨を適切に盛り込むということであるが、具体的には、第1の目標の構成に従い、以下の2点を反映することが、その要件となる。

① 「探究的な見方・考え方を働かせ、横断的・総合的な学習を行うことを通して」「よりよく課題を解決し、自己の生き方を考えていくための資質・能力を育成することを目指す」という目標に示された2つの基本的な考え方を踏まえること。

② 　育成を目指す資質・能力については、「育成すべき資質・能力の3つの柱」である「知識及び技能」「思考力、判断力、表現力等」「学びに向かう力、人間性等」の3つのそれぞれについて、第1の目標の趣旨を踏まえること。

　そもそも、各学校において目標を定めることを求めているのは、第1に各学校が創意工夫を生かした探究的な学習や横断的・総合的な学習を実施することが期待されているからである。そのためには、地域や学校、児童生徒の実態や特性を考慮した目標を、各学校が主体的に判断し定めることが不可欠なのである。

　第2に、各学校における教育目標を踏まえ、育成を目指す資質・能力

を明確に示すことが望まれているからである。このことより、総合的な学習の時間が各学校のカリキュラム・マネジメントの中核になることが、これまで以上に明らかとなった。

　第3に、学校として教育環境全体の中での総合的な学習の時間の位置付け、他教科等の目標及び内容との違いに留意しながら、この時間において取り組むにふさわしい内容を定めるためである。

　このように、各学校において、総合的な学習の時間の目標を定めるということは、学校が主体的かつ創造的にこの時間の指導計画を作成し、学習活動を展開するという意味がある。

　さらに総合的な学習の時間が充実するためには、小学校においては中学校との、中学校においては、小学校や高等学校等との接続を視野に入れ、連続的かつ発展的な学習活動が展開されるように、各学校において目標を設定することも重要なのである。

（2）各学校において定める内容

　平成29（2017）年告示の小学校学習指導要領「第5章　総合的な学習の時間　第2　各学校において定める目標及び内容　2　内容」の中に、「各学校においては、第1の目標を踏まえ、各学校の総合的な学習の時間の内容を定める」と示されている。中学校学習指導要領では、「第4章　総合的な学習の時間　第2　各学校において定める目標及び内容　2　内容」の中に「各学校においては、第1の目標を踏まえ、各学校の総合的な学習の時間の内容を定める」と示されている。

　ここでは、各学校において、第1の目標を踏まえて、各学校の総合的な学習の時間の内容を定めることが求められているのである。小学校3学年から教育課程に位置付けられている総合的な学習の時間は、各教科等とは違って、どの学年で何を指導するのかといった内容について学習指導要領に明示されていない。このことは、各学校が第1の目標の趣旨

を踏まえ、地域や学校、児童生徒の実態に応じて創意工夫を生かした内容を定めることが期待されているからであると言ってよい。

　平成29（2017）年告示の小学校学習指導要領「第5章　総合的な学習の時間　第2　各学校において定める目標及び内容　3　各学校において定める目標及び内容の取扱い」の中で、内容の設定に際して「目標を実現するにふさわしい探究課題」「探究課題の解決を通して育成を目指す具体的な資質・能力」の2点を定める必要があるとされている。

　「目標を実現するにふさわしい探究課題」とは、目標の実現に向けて学校として設定した、児童生徒が探究的な学習に取り組む課題であり、これまで「学習対象」として説明されてきたものに相当する。したがって、探究課題とは、探究的にかかわりを深める“人・もの・こと”を示したものであり、例えば、「身近な自然環境とそこで起きている環境問題」をはじめ、「地域の伝統や文化とその継承に力を注ぐ人々」などをあげることができる。

　一方、「探究課題の解決を通して育成を目指す具体的な資質・能力」とは、各学校において定める目標に記された資質・能力を各探究課題に即して具体的に示したものであり、教師の適切な指導のもとで、児童生徒が各探究課題の解決に取り組む中で育成することを目指す資質・能力のことである。

　このように、総合的な学習の時間の内容は「目標を実現するにふさわしい探究活動」と「探究課題の解決を通して育成を目指す具体的な資質・能力」の2つによって構成されており、この両者の関係については目標の実現に向けて、児童生徒が「何について学ぶか」を表したものが探究課題であり、各探究課題とのかかわりを通して、具体的に「どのようなことができるようになるか」を明らかにしたものが具体的な資質・能力という関係になる。

　さらに、各学校においては内容を指導計画に適切に位置付けることが

求められており、その際には学年間の連続性・発展性や、小学校においては中学校との接続、中学校では小学校ならびに高等学校等との接続、他教科等の目標及び内容との違いに留意し、他教科等で育成を目指す資質・能力との関係等を明らかにして内容を定めることが重要なのである。

（3）各学校において定める目標及び内容の取扱い

　総合的な学習の時間での各学校において定める目標及び内容の取扱いについては、小学校学習指導要領「第5章 総合的な学習の時間　第2 各学校において定める目標及び内容3」に以下のように示されている。

　3　各学校において定める目標及び内容の設定に当たっては、次の事項に配慮するものとする。

(1)　各学校において定める目標については、各学校における教育目標を踏まえ、総合的な学習の時間を通して育成を目指す資質・能力を示すこと。

(2)　各学校において定める目標及び内容については、他教科等の目標及び内容との違いに留意しつつ、他教科等で育成を目指す資質・能力との関連を重視すること。

(3)　各学校において定める目標及び内容については、日常生活や社会との関わりを重視すること。

(4)　各学校において定める内容については、目標を実現するにふさわしい探究課題、探究課題の解決を通して育成を目指す具体的な資質・能力を示すこと。

(5)　目標を実現するにふさわしい探究課題については、学校の実態に応じて、例えば、国際理解、情報、環境、福祉・健康などの現代的な諸課題に対応する横断的・総合的な課題、地域の人々の暮らし、伝統と文化など地域や学校の特色に応じた課題、児童の興味・関心に基づく課題などを踏まえて設定すること。

(6)　探究課題の解決を通して育成を目指す具体的な資質・能力については、次の事項に配慮すること。

　ア　知識及び技能については、他教科等及び総合的な学習の時間で習

　　得する知識及び技能が相互に関連付けられ、社会の中で生きて働く
　　ものとして形成されるようにすること。
　イ　思考力、判断力、表現力等については、課題の設定、情報の収集、
　　整理・分析、まとめ・ 表現などの探究的な学習の過程において発揮
　　され、未知の状況において活用できるものとして身に付けられるよ
　　うにすること。
　ウ　学びに向かう力、人間性等については、自分自身に関すること及
　　び他者や社会との関わりに関することの両方の視点を踏まえること。
(7) 目標を実現するにふさわしい探究課題及び探究課題の解決を通して
　　育成を目指す具体的な資質・能力については、教科等を越えた全ての
　　学習の基盤となる資質・能力が育まれ、活用されるものとなるよう配
　　慮すること。

　また、中学校学習指導要領では、「第4章 総合的な学習の時間　第2
各学校において定める目標及び内容　3 各学校において定める目標及
び内容の取扱い」に、小学校と同様な内容項目によって示されている。
　総合的な学習の時間での各学校において定める目標については、各学
校における教育目標を踏まえて、総合的な学習の時間を通して育成を目
指す資質・能力を示すことが必要である。ここで「各学校における教育
目標を踏まえ」とあるのは、各学校において定める総合的な学習の時間
の目標が、この時間の円滑で効果的な実施のみならず、各学校において
編成する教育課程全体の円滑でしかも効果的な実施に資するものとなる
ように配慮するということなのである。
　小学校学習指導要領（平成29（2017）年告示）「第1章 総則の第2の
1」ならびに中学校学習指導要領（平成29年告示）「第1章 総則」も
同様に、教育課程の編成にあたって、学校教育全体や各教科等における
指導を通して育成を目指す資質・能力を踏まえつつ、各学校の教育目標
を明確にすることが定められた。
　さらに、各学校の教育目標の設定にあたっては、小学校学習指導要領

では「第5章　総合的な学習の時間の第2の1に基づき定められる目標との関連を図るものとする」と、中学校学習指導要領では「第4章　総合的な学習の時間の第2の1に基づき定められる目標との関連を図るものとする」と示された。当然のことながら、各小学校、各中学校における教育目標には、地域や学校、児童生徒の実態や特性を踏まえ、主体的・創造的に編成した教育課程によって実現を目指す児童生徒の姿等が描かれるのである。

　各学校においては、各学校の教育目標を踏まえて、総合的な学習の時間の目標を設定することにより、総合的な学習の時間が、各学校の教育課程編成において、特に教科横断的なカリキュラム・マネジメントの視点から重要な役割を担うことがこれまで以上に鮮明となった。

　その一方において、各学校で定める総合的な学習の時間の目標には、第1の目標を踏まえつつ、各学校が育てたいと願う児童生徒の姿や育成すべき資質・能力などを各学校の創意工夫に基づき明確に示すことが期待される。したがって、各学校において定める目標を設定するにあたっては、第1の目標の趣旨を踏まえて各学校が育てたいと願う児童生徒の姿や育成すべき資質・能力のうち、他教科等において十分な育成が難しいものについて示すことや、学校において特に大切にしたい資質・能力をより深めるために、総合的な学習の時間の目標において明記し、その実現を目指し取り組んでいくことも考えられる。

　総合的な学習の時間を通して育成を目指す資質・能力を示すとは、各学校における教育目標を踏まえて、各学校において定める目標の中に、この時間を通して育成を目指す資質・能力を「3つの柱」に即して具体的に示すことである。

　各教科等は、それぞれ固有の目標と内容をもっており、それぞれが役割を十分に果たし、その目標をよりよく実現していくことで、教育課程は全体として適切に機能するのである。このことから、他教科等の目標

及び内容との違いに十分留意した上で、総合的な学習の時間の目標及び内容を定めることが求められているのである。同時に、各学校において定める目標及び内容については、他教科等で育成を目指す資質・能力との関連を重視することが大切なのである。総合的な学習の時間と他教科等で育成を目指す資質能力との関連を重視するということは、各教科等の目標に示されている、育成を目指す資質・能力の3つの柱ごとに関連を考えることである。各学校において目標や内容を定めるとは、どのような児童生徒を育てたいのか、そのためにはどのような資質・能力を育成するのか、さらには、それをどのような探究課題の解決を通して、具体的な資質・能力として育成を実現するのかなどを明らかにすることである。

　ここでは、各学校において目標や内容を定めるにあたって、日常生活や社会とのかかわりを重視することが大切なのである。日常生活や社会とのかかわりを重視するということには、3つの意味がある。1つは、総合的な学習の時間においては、実社会や実生活の中で生きて働く資質・能力の育成が期待されていること、2つは、総合的な学習の時間では、児童生徒が主体的に取り組む学習が求められていること、3つは、総合的な学習の時間では、児童生徒にとって学ぶ意義や目的を明確にすることが重視されていることである。つまりは、実際の生活の中にある問題や地域の事象を取り上げ、それらを実際において解決していく過程が大切であり、そのことがこの時間の充実につながっていくのである。

2　総合的な探究の時間での各学校において定める　目標及び内容

（1）各学校において定める目標

　各学校は、高等学校学習指導要領「第4章　総合的な探究の時間」において第1に示された総合的な探究の時間の目標を踏まえて、各学校の総合的な探究の時間の目標や内容を適切に定め、創意工夫を生かした特色ある教育活動を展開する必要がある。このことに総合的な探究の時間の大きな特徴がある。

　平成30（2018）年告示の高等学校学習指導要領「第4章　総合的な探究の時間」においては「第2　各学校において定める目標及び内容」の箇所に各学校が定める目標や内容についての考え方が明確に示されている。

　高等学校学習指導要領「第4章　総合的な探究の時間　第2　各学校において定める目標及び内容　1　目標」に「各学校においては、第1の目標を踏まえ、各学校の総合的な探究の時間の目標を定める」と示されている。各学校においては第1の目標を踏まえて、各学校の総合的な探究の時間の目標を定め、その実現を目指さなければならない。

　この目標は、各学校が総合的な探究の時間での取り組みを通して、どのような生徒を育てたいのか、また、どのような資質・能力を育てようとするのか等を明確にしたものである。

　各学校においては、総合的な探究の時間の目標を定めるにあたって、第1の目標を踏まえるということは、当然第1の目標の趣旨を適切に盛り込むということであるが、具体的には、第1の目標に従い、以下の2点を反映することがその要件となるのである。

① 「探究の見方・考え方を働かせ、横断的・総合的な学習を行うことを通して」、「自己の在り方生き方を考えながら、よりよく課題を発見し

解決していくための資質・能力を育成することを目指す」という、目標に示された2つの基本的な考え方を踏まえること。

② 育成を目指す資質・能力については、「育成すべき資質・能力の3つの柱」である 「知識及び技能」「思考力、判断力、表現力等」「学びに向かう力、人間性等」の3つのそれぞれについて、第1の目標の趣旨を踏まえること。

各学校において定める総合的な探究の時間の目標は、第1の目標を適切に踏まえて、この時間の全体を通して各学校が育てたいと願う生徒の姿や育成を目指す資質・能力、学習活動の在り方などを表現したものになることが求められるのである。

その際には、さきにあげた2つの要件を適切に反映していれば、これまで各学校が取り組んできた経験を生かし、各目標の要素のいずれかを具体化したり、重点化したり、さらには別の要素を付加したりして目標を設定することが考えられる。なお、各学校において目標を定めることを求めているのは、各学校が創意工夫を生かした探究や横断的・総合的な学習を実施することが期待されているからである。

また、各学校における教育目標を踏まえ、育成を目指す資質・能力を明確に示すことが望まれていること、さらには、学校として教育課程全体の中での総合的な探究の時間の位置付けならびに他教科等の目標及び内容との違いに留意し、この時間で取り組むにふさわしい内容を定めるためである。このように、各学校において総合的な探究の時間の目標を定めるということには、主体的かつ創造的に指導計画を作成し、学習活動を展開するという意味がある。

この総合的な探究の時間における目標は、小・中学校における総合的な学習の時間の目標とは、その構造において大きく異なっている。小・中学校の総合的な学習の時間の目標は「よりよく課題を解決し、自己の生き方を考えていくための資質・能力を育成することを目指す」であり、

高等学校における総合的な探究の時間の目標は、「自己の在り方生き方を考えながら、よりよく課題を発見し解決していくための資質・能力を育成することを目指す」である。これらの意味することは、小・中学校では教師の指導も受けながら課題を設定し、解決していくことによって、児童生徒がその結果として自己の生き方を考える契機となっていくことになる場合を主としているが、高等学校の総合的な探究の時間では、生徒自身が自己の在り方生き方における一体的で不可分な課題を自ら発見し、解決していくことが期待されるのである。したがって、高等学校の総合的な探究の時間における"探究"は自己のキャリア形成の方向性と関連付き、学ぶことと生きることの結び付きが推進される。各学校において総合的な探究の時間の目標設定にあたっては、上記の点を十分考慮することが必要である。

　さらに総合的な探究の時間の充実を図るためには、それぞれの時間の違いを十分に把握した上で、小・中学校における総合的な学習の時間との接続も視野に入れて、連続的、発展的な学習活動がこの時間でも行われるように目標を設定することが重要なのである。

（2）各学校において定める内容

　平成30（2018）年告示の高等学校学習指導要領では、「第4章　総合的な探究の時間　第2　各学校において定める目標及び内容　2　内容」の中に「各学校においては、第1の目標を踏まえ、各学校の総合的な探究の時間の内容を定める」と示されている。ここでは各学校において、第1の目標を踏まえて、各学校の総合的な探究の時間の内容を定めることが求められているのである。各教科・科目等と異なり、総合的な探究の時間においては、どの学年で何を指導するのかといった内容について学習指導要領に明示されていないが、これは、各学校が第1の目標の趣旨を踏まえ、地域や学校、生徒の実態に応じて創意工夫を生かした内容を定

めることが期待されていることによる。

　平成30(2018)年の学習指導要領の改訂において、総合的な探究の時間はその内容の設定に際して「目標を実現するのにふさわしい探究課題」「探究課題の解決を通して育成を目指す具体的な資質・能力」という2つを定める必要があるとされた。ここで掲げられた「目標を実現するにふさわしい探究課題」とは、目標の実現に向けて学校として設定した課題で、生徒が探究に取り組むためものである。一方、「探究課題の解決を通して育成を目指す具体的な資質・能力」とは、各学校において定める目標に記された資質・能力を各探究課題に即して具体的に示したもので、教師の適切な指導のもとで、生徒が各探究課題の解決に取り組む中で、身に付けることを目指す資質・能力のことである。

　このように、総合的な探究の時間の内容は、目標を実現するにふさわしい探究課題とその解決を通して、育成を目指す具体的な資質・能力の2つによって構成されている。この両者の関係については、目標の実現に向けて生徒が「何について学ぶか」を表したものが「探究課題」である。また、各探究課題とのかかわりを通して、具体的に「どのようなことができるようになるか」に対して明らかにしたものが、具体的な育成すべき資質・能力という関係なのである。ここで各学校において設定する内容である探究課題については、一人一人の生徒が自己の在り方生き方と一体的で不可分に結び付いた形で成立するような課題を生徒自ら発見できるように考慮することが大切なのである。

　さらに、小・中学校での総合的な学習の時間に比べ、高等学校での総合的な探究の時間は、探究の過程そのものがより高度化し、生徒自らが展開することで探究が自律的に行われることが期待されており、当然育成を目指す具体的な資質・能力もそれにふさわしいものでなければならない。ここで示された、生徒が探究過程を自ら高度化させていくことは、

まず探究において目的と解決の方法に矛盾がないこと、探究において適切に資質・能力を活用していること、焦点化し深く掘り下げて探究していること、幅広い可能性を視野に入れながら探究していることである。さらに探究が自律的なものとなるということは、①自分にとってかかわりが深い課題になる、②探究の過程を見通しつつ、自分の力で進められる、③得られた知見を生かし社会に参画しようとする——といった姿である。

　このように、各学校おいては、探究のそのものの質を明確にそして十分に理解し、内容を指導計画に適切に位置付けることが求められるのである。その際、各学校においては各学年間の連続性、発展性と小・中学校等との接続を視野に入れ、各教科・科目等の目標及び内容にも十分に留意して内容を設定することが重要なのである。

（3）各学校において定める目標及び内容の取扱い

　各学校が定める総合的な探究の時間の目標及び内容の取扱いついては、高等学校学習指導要領「第4章 総合的な探求の時間 第2 各学校に

　3　各学校において定める目標及び内容の取扱い
　各学校において定める目標及び内容の設定に当たっては、次の事項に配慮するものとする。
(1)　各学校において定める目標については、各学校における教育目標を踏まえ、総合的な探究の時間を通して育成を目指す資質・能力を示すこと。
(2)　各学校において定める目標及び内容については、他教科等の目標及び内容との違いに留意しつつ、他教科等で育成を目指す資質・能力との関連を重視すること。
(3)　各学校において定める目標及び内容については、地域や社会との関わりを重視すること。
(4)　各学校において定める内容については、目標を実現するにふさわし

い探究課題、探究課題の解決を通して育成を目指す具体的な資質・能力を示すこと。

(5) 目標を実現するにふさわしい探究課題については、地域や学校の実態、生徒の特性等に応じて、例えば、国際理解、情報、環境、福祉・健康などの現代的な諸課題に対応する横断的・総合的な課題、地域や学校の特色に応じた課題、生徒の興味・関心に基づく課題、職業や自己の進路に関する課題などを踏まえて設定すること。

(6) 探究課題の解決を通して育成を目指す具体的な資質・能力については、次の事項に配慮すること。

　ア　知識及び技能については、他教科等及び総合的な探究の時間で習得する知識及び技能が相互に関連付けられ、社会の中で生きて働くものとして形成されるようにすること。

　イ　思考力、判断力、表現力等については、課題の設定、情報の収集、整理・分析、まとめ・表現などの探究の過程において発揮され、未知の状況において活用できるものとして身に付けられるようにすること。

　ウ　学びに向かう力、人間性等については、自分自身に関すること及び他者や社会との関わりに関することの両方の視点を踏まえること。

(7) 目標を実現するにふさわしい探究課題及び探究課題の解決を通して育成を目指す具体的な資質・能力については、教科・科目等を越えた全ての学習の基盤となる資質・能力が育まれ、活用されるものとなるよう配慮すること。

おいて定める目標及び内容　3」に以下のように示されている。

　各学校において定める目標については、各学校における教育目標を踏まえ、総合的な探究の時間を通して育成を目指す資質・能力を示すことが必要である。

　各学校における教育目標を踏まえることは、各学校において定める総合的な探究の時間の目標が、この時間の円滑で、しかも効果的な実施のみならず、各学校において編成される教育課程全体の円滑で効果的な実施に資するものとなるよう配慮するものである。各学校がそれぞれの教育目標を踏まえて定める目標の中に、この時間を通して育成を目指す資

質・能力を「3つの柱」に即して具体的に示して、総合的な探究の時間を通して育成を目指す資質・能力を示している。

　また、ここに示した総合的な探究の時間を通して育成を目指す資質・能力に最も関連するものが、各教科・科目等の目標及び内容についてである。各学校においては、他教科等の目標及び内容との違いに十分留意し、目標及び内容を定めることが求められる。その上で、各学校において定める目標及び内容については、他教科等で育成を目指す資質・能力との関連を重視することが大切である。そこでは、総合的な探究の時間と他教科等で育成を目指す資質・能力との関連を重視するといった視点が必要である。

　実際に各学校において目標や内容を定めるにあたっては、地域や社会とのかかわりを重視することが大切である。総合的な探究の時間において地域や社会とのかかわりを重視するということには3つの意味がある。1つは総合的な探究の時間においては実社会や実生活において生きて働く資質・能力の育成が期待されていること、2つは、生徒が主体的に取り組む学習が求められていること、3つは、生徒にとっての学ぶ意義や目的を明確にすることである。

　平成30（2018）年に改訂された高等学校学習指導要領においては、新たに目標実施に向けて学校が設定した、生徒が探究に取り組むためのものである「目標を実施するにふさわしい探究課題」、各学校が定める目標に記された資質・能力を各探究課題に即して示した「探究課題の解決を通して育成を目指す具体的な資質・能力」という2つを、各学校において定める内容とした。ところで、目標を実現するにふさわしい探究課題とは、目標の実現に向けて学校として設定した生徒が探究に取り組むためのものであるが、これは従来は学校を対象として説明がなされてきたものである。

　目標を実現するにふさわしい探究課題は、地域や学校の実態や、生活

の特性等に応じ、例えば、国際理解、情報、環境、福祉・健康などの現代的な諸課題に対応する横断的・総合的な課題、地域や学校の特色に応じた課題、生徒の興味・関心に基づく課題、職業や自己の進路に関する課題などである。それらは横断的・総合的な学習としての性格をもっているため、探究の見方・考え方を働かせて学習することがふさわしいのである。つまり、探究課題は、それらの解決を通して育成される資質・能力が自己の在り方生き方を考えながら、よりよく課題を発見し解決していくことに結び付いていくような、教育的に価値ある諸課題であることが求められるのである。

　総合的な探究の時間において探究課題の解決を通して育成を目指す具体的な資質・能力とは、各学校において定める目標に記された資質・能力を各探究課題に即して具体的に示したものであり、教師の適切な指導のもとで、生徒が各探究課題の解決に取り組む中で育成することを目指す資質・能力のことである。

　この具体的な資質・能力については、他の教科等と同様に「育成すべき資質・能力の3つの柱」である「知識及び技能」「思考力、判断力、表現力等」「学びに向かう力、人間性等」に沿って設定していくのであるが、さきに示した「第2　3　各学校において定める目標及び内容の取扱い（6）探究課題の解決を通して育成を目指す具体的な資質・能力については、次の事項に配慮すること」に続いて示される3つの配慮事項を踏まえて設定する必要がある。目標を実現するにふさわしい探究課題及び探究課題の解決を通して育成を目指す具体的な資質・能力については、教科・科目等を超えたすべての学習の基盤となる資質・能力が育まれ、活用されるものとなるように配慮することが大切である。

　なお、高等学校学習指導要領「第1章 総則 第2款 2 (1)」においても「学習の基盤となる資質・能力」として、言語能力、情報活用能力

(情報モラルを含む)、問題発見・解決能力等をあげており、総合的な探究の時間においても、教科・科目等を超えたすべての学習の基盤となる資質・能力としては、それぞれの学習活動との関連において、言語活動を通じて育成される言語能力（読解力や語彙力等を含む）やICTを活用した学習活動等を通じて育成される情報活用能力、問題解決的な学習を通じて育成される問題発見・解決能力などが考えられる。これらは、その教科・科目等の特質に応じて展開される学習活動との関連において育成が目指されることになる。

【引用・参考文献】

文部科学省 2008　小学校学習指導要領解説 総合的な学習の時間編　東洋館出版社

文部科学省 2008　中学校学習指導要領解説 総合的な学習の時間編　教育出版

文部科学省 2009　高等学校学習指導要領解説 総合的な学習の時間編　海文堂出版

文部科学省 2017　小学校学習指導要領解説　総則編　東洋館出版社

文部科学省 2017　中学校学習指導要領解説　総則編　東山書房

文部科学省 2017　小学校学習指導要領解説 総合的な学習の時間編　東洋館出版社

文部科学省 2017　中学校学習指導要領解説 総合的な学習の時間編　東山書房

文部科学省 2018　高等学校学習指導要領解説　総則編　東洋館出版社

文部科学省 2018　高等学校学習指導要領解説 総合的な探究の時間編　学校図書

第4章

全体計画と年間指導計画の策定
·········

1　全体計画と年間指導計画で示すもの

　総合的な学習（探究）の時間では、この時間の指導計画として、学校としての全体計画と年間指導計画の2つを作成する必要がある。

（1）全体計画
　全体計画は、学校としての総合的な学習（探究）の時間の基本的な在り方を示すものであり、学習指導要領に定められたこの時間の第1の目標と各学校における教育目標に基づいて、各学校において定める目標と各学校において定める内容から構成される（図4−1）。

　そのうち、各学校において定める内容（学習対象）については、この時間の目標を実現するにふさわしい探究課題と、探究課題の解決を通して育成を目指す具体的な資質·能力を定めて、各学校におけるこの時間に実施する学習内容を具体化していく必要がある。

　それらに加えて、特に学校として重点をおく学習活動、指導方法、指導体制、学習の評価等について簡略に示し、総合的な学習（探究）の時間に取り組む基本的な考え方や全体像がつかめるようにまとめたものが全体計画である（表4−1）。

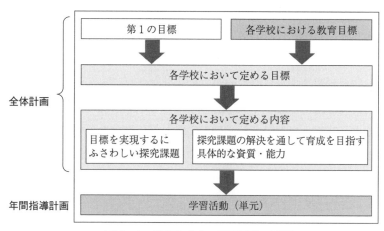

図4-1　目標と内容、学習活動の関係

表4-1　全体計画と年間指導計画で示すもの

〈全体計画〉

○各学校において定める目標

○各学校において定める内容

・目標を実現するにふさわしい探究課題

・探究課題の解決を通して育成を目指す具体的な資質・能力

○学校として重点をおく学習活動、指導方法、指導体制、学習の評価等ついて

○学校として必要と考えるもの（年度の重点、地域の実態、保護者の願い、各
　教科等との関連等）

　※図4-1をもとにして基本的な内容や方針等を概括的・構造的に示す。学習活動
　　（単元）の下に、その基盤となる指導方法、指導体制、学習の評価、年度の重点、
　　地域の実態、保護者の願い、各教科等との関連等を加えて示すこともある。

〈年間指導計画〉

○各学年で児童生徒が探究課題の解決に向けて展開する「学習活動（単元）」
　の時期や配列、時数、方法や他教科等との関連など

　※必要に応じて、他教科等における学習内容についても書き入れて学習活動の関連
　　を示した「単元配列一覧表」を作成し、加えることもある。

（2）年間指導計画

　全体計画を具現化するものとして、各学年の児童生徒が探究課題の解決に向けて学習活動を展開する単元（内容や時間のまとまり）について、その配列や時数等を示したものが、年間指導計画である（表4 - 1）。

　年間指導計画は、各学年で学習対象としていく単元の相互のつながりや学習する時期、また、各教科等の学習との関連を考えて1年間の中に配列していく。そして実際の授業は、この年間指導計画に基づいて作成する単元計画によって実施していくことになる（単元計画については第5章を参照）。

（3）全体計画と年間指導計画を作成する意義と役割

　全体計画と年間指導計画を作成し、それらを示すことによって、教科書のない総合的な学習（探究）の時間に取り組む教職員間の共通理解を図ることができる。同時に、学校の教育活動に理解や協力を求めたい家庭や地域等の学校関係者に向けても、この時間の理念や趣旨を共有し、学校・家庭・地域が一体となって社会に開かれた教育課程を実現していくことが可能となる。

　これまで述べたように、総合的な学習（探究）の時間の全体計画と年間指導計画は、学校の教育目標の理念を具現化し、各教科等における教科書と同様、総合的な学習（探究）の時間のどの学びを通してどのような資質・能力を育成していくかを示すために作成するものである。また、学校の教育目標と関連して、学校が取り組む教育活動や教育課程編成の要としての役割、この時間の意義や位置付けについて共通理解を図っていくためのものであり、教職員だけでなく、保護者や地域等学校関係者の協力を得てこの時間の学習を進めていく上で重要な役割を担っている。このことは、各学校が社会に開かれた教育課程を編成し、その成果を具現化していく上で、総合的な学習（探究）の時間が重要な役割を果

たすということでもある。

　さらに、この時間を核として、年間に学習する各教科・科目等の学習
内容を一覧できるようにまとめ、学習内容の全体像を把握できるように
した単元配列一覧表を作成し、全体計画に含めて示すこともある。

　単元配列一覧表では、その作成過程において、総合的な学習（探究）
の時間の学習活動の展開と各教科・科目等の学習内容との関連を図り、
その学習時期や配列について検討し作成していくことになる。これは、
今回の学習指導要領において、教育課程の編成に求められるカリキュラ
ム・マネジメントを具現化した具体の姿ということができる。

2　全体計画と各学校が定める目標

（1）全体計画における各学校の目標

　学習指導要領の総合的な学習（探究）の時間について示した章には、
最初に総合的な学習（探究）の時間の目標が示されている。各学校にお
いては、第1の目標を踏まえ、「学校の教育目標」と重ね合わせ、各校
の教育目標の具現化を目指して定める「総合的な学習（探究）の時間の
目標」を設定していく必要がある（図4−1）。

　各学校では、教育課程の編成にあたって、「学校の教育目標」や「育
成を目指す児童生徒像」を定めて教育活動を行っている。学校の教育目
標は、教育課程編成の柱となるものであり、これからの社会の担い手と
して求められる資質・能力や、家庭・地域の実態に即したものになって
いるか等を検討して設定し、各学校において定める総合的な学習（探究）
の時間の目標と関連を図って設定していくことが大切である。

　このことは、第3章でも述べたとおり、学習指導要領の「第1章 総
則 第2(款)の1」において、「各学校の教育目標を明確にするとともに、

教育課程の編成についての基本的な方針が家庭や地域とも共有されるように努めるものとする」とあることや、それに加えて総合的な学習（探究）の時間では、「第2の1に基づき定められる目標との関連を図るものとする」と規定されていることに対応して求められる大切な点である。

　具体的には、第1の目標の構成に従って、表4-2に示すポイントを

表4-2　各学校において定める目標を設定する際に踏まえること

○第1の目標の構成とその趣旨を踏まえること
○第1の目標に示された2つの基本的な考え方を踏襲すること
　・探究的な見方・考え方を働かせ、横断的・総合的な学習を行うこと
　・自己の（在り方）生き方を考えながら、よりよく課題を（発見し）解決していくための資質・能力を育成すること
○育成を目指す資質・能力については、「育成すべき資質・能力の三つの柱」である「知識及び技能」「思考力、判断力、表現力等」「学びに向かう力、人間性等」の3つそれぞれについて、第1の目標の趣旨を踏まえること

表4-3　地域のよさや課題に重点を置いた小学校の目標の例

　探究的な見方・考え方を働かせ、○○（地域）の人・もの・ことに関わる体験的・総合的な学習を行うことを通して、習得した知識や技能を活用し、目的や根拠を明らかにしながら課題を解決し、自己の生き方を考えることができるようにするために、以下の資質・能力を育成する。
(1) 地域の人・もの・ことに関わる探究的な学習の過程において、課題の解決に必要な知識及び技能を身に付けるとともに、地域の特徴やよさに気付き、それらが人々の思いや願い、努力や工夫によって支えられていることに気付く。
(2) 地域の人・もの・ことの中から問いを見いだし、その解決に向けて仮説を立てたり、調べて得た情報をもとに考えたりする力を身に付けるとともに、考えたことを根拠を明らかにしてまとめ・表現する力を身に付ける。
(3) 地域の課題解決に主体的・協働的に取り組むとともに、互いのよさを生かし合いながら、持続可能な社会を実現するための行動の仕方を考え、自ら進んで地域社会に参画しようとする態度を養う。

踏まえて設定し、表4‐3に示すような形で記述される。この目標の例は、地域のよさや特徴、地域に見いだされる課題等に重点を置いた小学校のものである。総合的な学習の時間の学習活動（単元）において探究課題の解決に取り組むことを通して、育成を目指す資質・能力の3つの柱に対応した力を身に付けることができるように、学校における目標が設定されている。

　このように、各学校における特色を生かし、学校の教育目標の具現化を図る観点から重点化を図り、各学校において定める総合的な学習（探究）の時間の目標を設定していくことが大切である。

（2）目標を具現化するために

　各学校において定める目標は、すでに策定されたものがあるかもしれないが、年度ごとに、第1の目標や学校の教育目標を踏まえたものになっているかを見直しながら、各学年で取り組む内容について、その探究課題や育成を目指す資質・能力が適切なものになっているかを検討していく必要がある。

　また、各学年で取り組む探究課題や育成を目指す資質・能力については、学年を追って、学校で定める目標に向かって段階的に育成していくように計画されているか、育成すべき資質・能力の3つの柱の観点から一覧表にして全体計画に示し、検討することも大切である。その例を表4‐4に示す。

　このことは、評価の観点から、各学年の発達段階に応じて育成する資質・能力の評価規準を検討することにもなり、結果として、この時間の目標で目指すものと学校を卒業するときの姿が一致し、一貫性をもつものにすることになる。何よりも、この時間を通して児童生徒に実現していく実践の成果をより一層充実したものにしていくという姿勢で取り組んでいくことが大切である。

表4-4　評価の観点と各学年段階で育成を目指す資質・能力（小学校）の例

	①知識・技能	②思考・判断・表現	③主体的に学習に取り組む態度
3・4年	地域の身近な人・もの・ことについて、自分とのかかわりの中でとらえ、その働きやよさについて理解を深めることができる。	自分の考えをもち、友だちの考えと比べながら、意見交換をすることができる。	学習対象に関心をもち、意欲的に調べたり活動したりしようとする。
5・6年	複数の知識や意見をつなげながら、社会生活に生かすための方法について理解を深めることができる。	他者と意見交換をしたり、これまでの学習経験を生かしたりして、新しい考えを生み出すことができる。	学習対象に関心をもち、積極的に社会や他者とかかわりながら活動しようとする。

3　年間指導計画と各学校が定める内容

　総合的な学習（探究）の時間では、各学校において定める学習内容として、「目標を実現するにふさわしい探究課題」と「探究課題の解決を通して育成を目指す具体的な資質・能力」を定めることになっている。つまり、総合的な学習の時間に「何を学ぶか」とそれを通して「どのようなことができるようになるか」について、各学校で具体的に設定することになる。このことは、他教科等と比べて大きく違う点であり、教科書のないこの時間の学習の特徴として重要な点である。

（1）目標を実現するにふさわしい探究課題
　目標を実現するにふさわしい探究課題とは、各学校で定めるこの時間の目標の実現に向けて、探究的な学習に取り組む課題のことであり、探究的にかかわりを深めていく"人・もの・こと"などの「学習対象」の

ことでもある。そして、学習対象に加えて課題を探究していく学習過程（探究のプロセス）があり、その学習過程が重要になってくるということも含めて「探究課題」と呼んでいる。

　探究課題については、横断的・総合的な学習として、また、探究的な見方・考え方を働かせて学習を展開していくことができる課題であることが望ましい。加えて、課題の解決に向けた学習過程を通して育成される資質・能力が、よりよく課題を解決し、自己の生き方（在り方）を考えていくことに結び付いていくよう、教育的に価値のある課題であることが求められる。そして具体的には、各学校種の学習指導要領の第4章の第2の3（5）に示されている例を踏まえて探究課題を設定することとされている。表4－5に高等学校の例として示された4つの課題と探究課題の例を示す。

　探究的な見方・考え方を働かせて学習することがふさわしいということには、一つの決まった正しい答えがあるわけではない。様々な教科や科目等で学んだ知識及び技能や見方・考え方を総動員して、総合的・統合的に活用しながら、様々な角度からとらえ、考えることができるようになることが求められる。

　探究課題は、児童生徒、学校、地域の実態に応じて検討し、各学校で定めた総合的な学習（探究）の時間の目標を実現するにふさわしいものを設定していくことになるが、一度設定すれば毎年度同じでよいということではない。

　この時間で解決に取り組む探究課題は、児童生徒が自ら課題とするものであることが求められる。課題の設定にあたって、学習対象との出会いから生まれる問いや疑問は、一人一人の児童生徒によって違ってくる。全体計画に示した探究課題は、教師が決めて提示するものではなく、この時間の学習対象や方向性を示したものであり、実際に取り組む探究課題は、児童生徒から出された問いや疑問に基づいて設定していくことが

表4-5　例示された4つの課題と探究課題の例（高等学校）

基準と尺度	探究課題の例
横断的・総合的な課題（現代的な諸課題）	外国人の生活者とその人たちの多様な価値観（国際理解） 情報化の進展とそれに伴う経済生活や消費行動の変化（情報） 自然環境とそこに起きているグローバルな環境問題（環境） 高齢者の暮らしを支援する福祉の仕組みや取り組み（福祉） 心身の健康とストレス社会の問題（健康） 社会生活の変化資源やエネルギーの問題（資源エネルギー） 食の問題とそれにかかわる生産・流通過程と消費行動（食） 科学技術の発展と社会生活や経済生活の変化（科学技術） 　　　　　　　　　　　　　　　　　　　　　　　　　　　など
地域や学校の特色に応じた課題	地域合戦化に向けた特色ある取組（町づくり） 地域の伝統や文化と継承に取り組む人々や組織（伝統文化） 商店街の再生に向けて努力する人々と地域社会（地域経済） 安全な町づくりに向けた防災計画（防災）　　　　　　　など
生徒の興味・関心に基づく課題	文化や流行の創造や表現（文化の創造） 変化する社会と教育や保育の質的変換（教育・保育） 生命の尊厳と医療や介護の現実（生命・医療）　　　　　など
職業や自己の進路に関する課題	職業の選択と社会貢献及び自己実現（職業） 働くことの意味や価値と社会的責任（勤労）　　　　　　など

重要である。探究課題は、目標を実現するにふさわしく、課題の解決を通して育成を目指す資質・能力を身に付けることができるのであれば、児童生徒の問いや疑問に即して柔軟に設定してよい。

（2）探究課題に取り組む学習活動（単元）と年間指導計画

　探究課題には、課題の解決に取り組む学習過程（探究のプロセス）も含まれていることは3（1）でも述べた。全体計画で示した各学年で取り組む探究課題に即して、その課題の解決に取り組む一連の学習活動のまとまりが「単元」であり、その単元の配列や時数を示すものが年間指導計画である。

　年間指導計画とは，１年間の流れの中に単元を位置付けて示したものであり、どのような学習活動を、どの時期に、どのくらいの時数で実施するのかなど、年間を通して学習活動に関する指導の計画をわかりやすく示したものである。

　総合的な学習（探究）の時間における年間指導計画は、各学校で作成した総合的な学習（探究）の時間の全体計画を踏まえ、学年や学級において、その年度の総合的な学習（探究）の時間の学習活動の見通しをもつために、１年間にわたる生徒の学習活動を構想して示すものである。

　また、年間指導計画は全体計画とは異なり、児童生徒が取り組む学習活動の指導計画である。生徒の実態や学校・地域の特色を生かし、探究のプロセスを経て課題の解決を図ることができるように学習活動を展開していくためのものである。そのため年間指導計画は、１年間を１つの単元で構成する場合でも複数の単元で構成する場合でも，育成を目指す資質・能力を中心にして計画を立てていくことが大切である。

4　年間指導計画の策定

（1）年間指導計画で押さえておくこと

　年間指導計画は、学年の始まる４月から翌年３月までの１年間における児童生徒の学びの変容を想定し、時間の流れに沿って展開する学習活動を具体的に構想して単元を配列したものである。大単元として１年間を１つの単元として行う場合や、複数の単元で年間を構成する場合などがあるが、いずれの場合においても，学習活動や児童生徒の課題意識が連続して発展していくように配列することが大切である。

　特に、総合的な学習（探究）の時間では、一つ一つの単元で育成する資質・能力についてだけでなく、単元や年間を通して育む資質・能力と

して、児童生徒の「主体的・対話的で深い学び」の実現を図ることが目指されている。また、その際、児童生徒の実態や学校・地域の特色等に応じて，児童生徒が探究的な見方・考え方を働かせ、教科・科目等の枠を超えた横断的・総合的な学習や生徒の興味・関心等に基づく学習を行うなど、創意工夫を生かした教育活動の充実を図っていくことが求められている。

　このことを踏まえ、各教科・科目等と異なり、単元の見通しだけでなく年間の見通しという視点も重視し、主体的・対話的で深い学びの実現を図るために、他の教科・科目等との関連を意識した年間を見通した計画にしていくことがとても重要である。このことは、各教科・科目等の横断的・総合的な課題に取り組む総合的な学習（探究）の時間の特質を押さえる点でも大切なことである。

（2）年間指導計画作成上の工夫

　年間指導計画に記載される主たる要素としては、単元名、各単元における主な学習活動、予定時数、活動時期が考えられる。さらに、各学校が実施する教育活動の特質に応じて必要な要素を盛り込み、活用しやすい様式に工夫することが求められる。

　例えば、1（3）でも述べたように総合的な学習（探究）の時間と各教科・科目等の単元配列一覧表を作成し、学習内容の関連がわかるように示すといったことである。また、他学年との関連を示すことで、探究課題に関連した分野の学習をどのように行っているのかをつかむことができる。このようにして探究課題に関するつながり（関連）や深まり（学習経験）を教師同士で共有することは、全校体制でこの時間の学習活動を適切に進めていくための共通理解と連携を図る手立てとして大切である。

　1年間の学習活動の展開を構想する際には、地域や学校の特色に加え

て、各学校において積み重ねてきたこれまでの実践を振り返り、その成果を生かすことで事前に準備を進めることもできる。例えば、これまでの活動について実施時期は適切であったか、時数の配当に過不足はなかったかなどについてである。さらには、育成を目指す資質・能力を中心に、児童生徒の学習状況を適切に把握しながら、必要に応じた計画の見直しを適宜行っていくことも重要になってくる。

（3）年間指導計画における配慮事項

　年間指導計画の作成にあたっては、以下に示す事項に配慮する必要がある。

　これらの配慮事項の中には、実際には手書きのメモとして書かれることもあるが、年間指導計画の中に工夫して盛り込んでいくことによって、総合的な学習（探究）の時間の学習活動の一層の充実が図れるようにしていきたい。

1）児童生徒の学習経験を配慮すること

　年間指導計画の作成にあたっては、当該学年までの児童生徒の学習経験やその経験から得られた成果について事前に把握し、これまでの経験や成果を生かしながら年間指導計画を立てていく必要がある。また、各学年の年間指導計画は、各学年で別々に作成するものではなく、全体計画に基づいて、この時間の目標の実現につながるように、前学年までの学習経験を生かした学習になるよう配慮していくことが大切である。

　前学年までの学習経験を踏まえることについては、中学校・高等学校の１年生の場合は入学前の、他の学年では前学年までの学習経験について把握するとともに、該当学年で行う総合的な学習（探究）の時間の内容との関連性について、あらかじめ確認しておくことが大切である。

　このように、これまでの学習経験を生かして連続性をもたせていくことによって、学習の深まりが期待できる。一方で、段階的な経験の積み

上げがないまま計画し、実施が困難な活動になってしまう場合もある。そのため、これまでの学習経験を配慮し、学年や発達段階に応じた学習活動が展開できるようしていくことが大切になる。

2）適切な活動時期を生かすこと

年間指導計画の作成においては、1年間の季節や行事の流れを生かすことが重要である。季節の変化、地域や校内の行事等について、時期と内容の両面から、総合的な学習（探究）の時間の展開にどのように関連付けることかできるかを、あらかじめ検討しておくことが求められる。

地域の伝統行事や季節に応じた生産活動、地域で開催が予定されているイベント、歴史的・国際的な記念日など、学習活動が特定の時期に集中することで効果が強まったり、適切な時期を逃してしまうことで効果が弱まったりすることがある。そのため、これらについて事前に配慮し、活動に生かすことができるよう検討する必要がある。

3）他教科等との関連を図ること

総合的な学習（探究）の時間では、各教科・科目等との関連的な指導を行うことが求められている。また、横断的・総合的な学習を行うこの時間の特性を踏まえて、年間指導計画に各教科・科目等との関連付けを明記しておくことも大切になる。

具体的には、各教科・科目等で身に付けた資質・能力を十分に把握し、組織し直すことで、改めて現実の生活にかかわる学習において活用されることが期待される。そうした資質・能力を適切に活用する場となることが、総合的な学習（探究）の時間における探究活動を充実させていくことにつながっていく。

4）外部の教育資源等の活用や交流を意識すること

総合的な学習（探究）の時間を効果的に実践していくためには、保護者や地域の人々、研究者や専門家などの多様な人々の協力や、社会教育施設、社会教育団体、企業、ＮＰＯなどの様々な教育資源を活用するこ

とが大切である。

　年間指導計画の中に、児童生徒の学習活動を支援してくれる団体や個人を想定し、学習活動の展開に合わせて連携・協力を得ることができるように日頃から関係づくりをしておきたい。学校外の教育資源の活用は、学習活動を一層充実したものにしていく上で欠かせないものである。また、連携や交流を行う際には、児童生徒にとっても交流する相手にとっても必要感や必然性があり、互恵的な関係であることなどに配慮して計画することが大切である。

【引用・参考文献】
文部科学省　2018　小学校学習指導要領解説 総合的な学習の時間編　東洋館出版社
文部科学省　2018　中学校学習指導要領解説 総合的な学習の時間編　東山書房
文部科学省　2019　高等学校学習指導要領解説 総合的な探究の時間編　学校図書

第5章

単元計画の立案
·········

1　総合的な学習（探究）の時間における単元計画

（1）単元とは

　単元とは、意味ある学習のひとまとまりのことである。単元は、数時間の授業からなる場合もあれば、1つの学期や1年間を通しての単元となることもある。各教科の学習では、教科書の章立てと単元が対応していることが多いが、総合的な学習（探究）の時間の場合は、全体計画において各学年に計画した探究課題に対応して単元を構想し、計画することになる。

　また、第4章でも述べたように、各学年の年間指導計画において、1つの単元で年間の学習内容を計画する場合と、複数の単元を学習する計画を立てる場合がある。いずれにしても、総合的な学習（探究）の時間の単元では、探究課題の解決に向けて、問題解決的な学習活動が連続して発展的に展開していくよう構想し、その探究の過程で、育成を目指す資質・能力を身に付けていけるように単元計画を立てて、実際の授業を進めていくことになる。

（2）単元計画を通して作成する学習指導案

　総合的な学習（探究）の時間の学習を構想し計画する場合、1時間1時間の授業計画を積み上げていくことで単元計画としていくのではなく、探究課題に即して展開する単元全体の学習活動を計画して単元計画を立てていく。つまり、単元計画を立てることは、この時間に求められる探究的で協働的な学習活動を通して、主体的・対話的で深い学びの実現を図っていくということであり、この時間の授業を行っていく上で基盤となる最も重要なことである。

　単元計画には、次に上げる項目を示すことが考えられる。

1）単元名

　総合的な学習（探究）の時間において、どのような学習が展開されるかを端的に表現したものが単元名である。単元名については、例えば、児童生徒が課題に取り組む姿が具体的にイメージできるものにすることや、学習の高まりや目指す目標が示せるようにし、単元名からも主体的に活動に取り組む姿を思い浮かべられるようにしていくことが大切である。

2）単元目標

　どのような学習活動を通して、児童生徒にどのような資質・能力を育成していくことを目指すのかを明確に示したものが単元目標である。この時間の各学校の目標や内容を視野に入れ、中核となる学習活動をもとにして作成することが考えられる。

　具体的には、表5-1に示すように、①中核となる学習活動を示し、②その活動を通して身に付ける知識及び技能を示すとともに、③活動を通して考え、判断し、表現していくことを示し、④主体的に学習に取り組むどのような態度を育成していくかといった4つの内容を盛り込んで設定していく。

　単元目標で押さえる内容は、「育成を目指す資質・能力の三つの柱」に対応するものであり、目標の実現に向けて展開していく学習活動として、

表5-1　単元目標の構造と、目標に盛り込む4つの内容

①	～～（単元の中核となる学習）をする活動を通して、	
②	……を理解する（に気付く、がわかる）とともに、	〈知識及び技能〉
③	○○○について考え（判断、表現し）、	〈思考・判断・表現〉
④	□□□しようとする（態度を育てる）。	〈主体的に学習に取り組む態度〉
		※〈　〉は評価の観点

単元計画の中に盛り込んでいくことになるものでもある。なお、目標の表記の仕方については、前述の構成を踏まえて1つの文で示す場合と、資質・能力ごとに箇条書きにして示す場合などが考えられる。

　3）単元の評価規準　※資質・能力ごと（観点別）の単元目標に対応

　単元の評価規準は、探究課題の解決を通して育成を目指す具体的な資質・能力に対応するものである。単元の目標を踏まえ、その単元で取り組んでいく具体的な学習活動を視野に入れて、目標の実現に向けて活動する児童生徒の姿が表れているか、それを見取って判断することができるように、具体的な活動場面を想定して作成することが大切である。

　なお、評価規準は、「育成を目指す資質・能力の三つの柱」に対応した「知識・技能」「思考・判断・表現」「主体的に学習に取り組む態度」の評価の観点で作成し、資質・能力ごとに示す単元目標に対応させ、具体的な学習場面に表れる資質・能力が身に付いた児童生徒の姿を想定して示すものである。

　4）児童生徒の実態

　単元を構想し内容を構成していくにあたっては、児童生徒の実態を明確に把握して計画していく必要がある。特に、目標を実現するにふさわしい探究課題や単元の中核となる学習活動について、これまでにどのような経験をしてきたかや、探究課題の解決を通して育成を目指す具体的な資質・能力に関して、これまでにどの程度身に付けているかについて明らかにしておくようにする。

5）学習材について

　学習材とは、児童生徒の学習を動機付けたり、方向付けたり支えたりすることになる学習の素材のことである。単元計画の中で取り扱う学習材について記すにあたっては、その紹介にとどまらず、児童生徒がその学習材に出会うことによって学ぶことが期待できる学習事項や育成が期待できる資質・能力について分析し、その学習材のどこに・どのような価値があるのかを具体的に示すことが大切である。

6）単元の展開（単元の指導と評価の計画）　※狭義の単元計画

　単元の展開では、目標を実現するにふさわしい探究課題、探究課題の解決を通して育成を目指す具体的な資質・能力、児童生徒の興味・関心に基づいた中核となる学習活動等を設定していく。

　その際、この単元の学習を通して、児童生徒に、どのような概念的な知識や技能を獲得してほしいのか、また、どのような思考力、判断力、表現力等や、学びに向かう力、人間性等の伸長を期待しているのかを明確にして計画することが大切である。そのことが、単元の探究課題の解決を通して育成を目指す具体的な資質・能力として想定され、単元で展開していく具体的な学習活動と一体となって、単元計画に盛り込まれることになる。このように単元計画における学習活動の展開は、表5－2の「3　単元の評価規準」のように、具体的な活動場面を想定し、その場面で育成を目指す資質・能力と一体のものとして示していくことになる。

　また、単元計画では、探究課題に応じた中核的な学習活動として、例えば表5－2に示す単元のように、電力にかかわるエネルギー問題と自分たちの生活と在り方について探究的に学習に取り組む生徒の姿を想定していく。展開する学習過程を1～4次の小単元で構成し、小単元ごとに育成を目指す資質・能力を身に付けていく学習活動を考えて組み込んでいくことになる。その際、学習にかける時数や活動を展開していく学習環境なども視野に入れ、単元の展開を具体化していくことが求められ

る。

　なお、「単元の展開」は、主な学習活動に対応する評価規準を示して、指導と評価を一体化した「単元の指導と評価の計画」として示す場合も多い。また、狭義の単元計画は、「単元の展開」を指す場合もある。

表5-2　単元計画の例（中学校第2学年）

1　単元名　未来の人の豊かな生活にもつながるように！
～エネルギー問題で私たちにできること～

　　※探究課題　エネルギー問題について、自分たちでできる取り組みを考える
2　単元の目標　※①～④については表5-1を参照
　①私たちの豊かな生活を支えるエネルギーの一つである電気について、発電方法や電力消費の現状と課題ついて調査したり、電力消費量削減に取り組んでいる人とかかわって節電のための活動に取り組んだりする活動を通して、②自分たちの生活が環境に負荷を与えていることや、太陽光発電等の再生可能エネルギー利用による環境に対するメリット・デメリットを多面的にとらえて理解するとともに、③電力消費量の削減のために身近なところから自分たちで取り組める実現可能な方法を考え、④未来の豊かな暮らしを守るために行動しようとする態度を育てる。
3　単元の評価規準　※探究課題の解決を通して育成を目指す具体的な資質・能力

知識・技能	思考・判断・表現	主体的に学習に取り組む態度
①自分たちの生活が電力などのエネルギーに大きく頼っている現状や、その資源には限りがあること、発電方法のバランスが重要であること等を理解している。 ②地域や身近なところでエネルギー問題への取り組みがあることを知り、それらは地球規模で世界とつながりがあることを理解している。 ③エネルギー問題と自分	①多様な発電方法や仕組みに関する情報を幅広く収集し、環境への配慮や実現可能性等から分析して、その問題を考えている。 ②太陽光発電等の再生可能エネルギーの利用について情報を収集し、多面的に分析して考えている。 ③エネルギー問題の解決策として自分たちで考えた具体策が効果的かを客観的に判断し、ど	①エネルギーに関する問題について、その解決に向けて自分事として真剣に取り組む必要性を感じ、熱心に活動している。 ②太陽光発電等が増えることの是非について、異なる意見のよさや他者の考えを受け入れて、協働して問題をよりよく解決しようとしている。 ③エネルギー問題に対して真摯に向き合い、こ

の生活との関係につい	う取り組むかを決めて	れからの社会を視野に
て探究し続けてきたこ	いる。	入れて未来を生きる
とによって、自らの行	④エネルギー問題の解決	人々のために今できる
為が未来社会に深くか	策について、その根拠	ことは何かを考え、節
かわっていることに気	や目的を明らかにし	電の取り組みを地域に
付いている。	て、自分たちの考えを	働きかけようとしてい
	発信している。	る。

4　生徒の実態

　生徒は、第1学年で地域の自然環境の調査とその保全に関する活動に熱心に取り組んできており、「自然環境を破壊するような行為をしてはならない」との思いを強くして、自然環境を守ろうとする意識の高まりが見られた。しかし、自分たちの生活が自然環境を開発した上に成り立っていることには十分気付いているとは言えず、表面的な理解にとどまっている者も多かった。……(略)……

5　学習材について

　エネルギー問題として、現在の豊かな生活に欠かせないものに電気があり、その解決策の一つに太陽光発電等の再生可能エネルギーへの切り替え等がある。それらについて、改めて我が国の現状と仕組みを調べることを通して、自分たちの豊かな生活を支える電気エネルギー等を生み出す資源には限りのあることや、発電方法による環境への負荷には違いがあること等、……(略)……

6　単元の展開（50時間）　※単元の指導と評価の計画

小単元（時数）	主な学習活動	知	思	態	評価方法
〈第1次〉 私たちの未来は大丈夫？豊かな生活の背景にあるエネルギー問題 （10時間）	・エネルギーに関する問題を出し合い、私たちの生活にどんな影響があるかを考え、その中心的役割をもつ電力について、課題解決に向けた見通しをもつ。③		①		発言 私の作戦計画シート
	・電力に関して、発電方式やその仕組み、課題解決に向けて取り組んでいるところを取材して調べ、実態を把握する。④		①		電力問題調査シート
	・調べてわかったことや関連する番組を視聴して得た情報から、再生可能エネルギ	①		①	調査情報報告書

	一利用のよさや問題点をとらえ、話し合う。③				
〈第2次〉エネルギー問題の解決に向けて私たちができることは何だろう？（18時間）	・エネルギーの自給自足に取り組んでいる方から話を聞き、自分たちにできる効果的な取り組みについて考え、話し合う。③			②	振り返りカード
	・自分たちで取り組むエネルギー問題解決プロジェクトについて考え、その意義や実行可能性から実施する企画を検討する。⑩		②		私の考える作戦ベスト3
	・省エネや節電等に取り組むエネルギー問題解決プロジェクトの実施に向けて準備をする。⑤	②			プロジェクト企画シート
〈第3次〉私たちにできるエネルギー問題解決プロジェクトの取り組みにチャレンジしよう！（16時間）	・家族や地域の人々にプロジェクトへの参加を呼びかけて、参加者を広げる。⑥			③	呼びかけの文書
	・これまでの準備を生かして、電力問題の解決につながるプロジェクトを実施する。⑧	③	④		実施後の振り返りカード
	・プロジェクトの参加者にインタビューやアンケートを行い、これまでの活動についての評価を受ける。②			①	参加者の感想、アケートの内容
〈第4次〉これからもエネルギー問題解決プロジェクトを継続していくために（6時間）	・単元を通して学んだことを振り返り、自己評価をするとともに、自分の成長や獲得した知識などをもとに、エネルギー問題についての今後のかかわり方について考えて交流し、自分自身の考えをまとめて作文に書く。⑥	③			振り返り作文「これからの私の生活」

※「知」「思」「態」は、評価の3観点を示す。
※「知」「思」「態」の欄の①〜④は、「3　単元の評価規準」の観点ごとの①〜④に対応している。
※単元の展開では、学習指導案的な役割を持つものとして「主な学習活動」に応じた「指導上の留意点」等を記載して活動の展開を促進していくが、紙幅の都合でその欄を省略している。

（3）単元目標と単元計画

　単元計画は、単元の目標と対応し、その目標の実現を目指して展開していくものなので、単元の目標を設定し、その単元の学習のゴールとして児童生徒にどのような資質・能力が身に付いたか、その姿を想定していくということは大変重要なことである。単元の目標として目指す姿が曖昧であれば、取り組む活動が明確にならず、目標とうまく対応しない学習活動を展開していくことになって、結果として目標を十分実現できないことになってしまう。

　しかしながら、単元目標は最初から書き出せるものではない。初期段階では探究課題に即した単元構想から大まかには設定することはできるものの、単元の学習活動の具体を構想する中で、単元目標と学習活動が対応するように単元計画に組み入れていくことによって、その両方が次第に具体的なものになり、明確になっていくものである。

　特に、表5−1に示す目標の①にあたる活動は、それに対応する単元計画の活動を明確に構想していくことに伴って、単元目標としても詳しくなったり明確になったりしていく。また、単元計画には、目標の②③に示した資質・能力の育成に対応する学習活動が盛り込まれていく。そして、単元のゴールとして、目標④に示された主体的に学習に取り組む態度につながる姿が、この単元で最終的に目指す児童生徒の姿を実現する学習活動として展開していくように、単元計画を立てていくことになる。

　このように、単元計画は、単元目標を具体化した学習活動の展開を想

定し、児童生徒の課題意識が探究的な学習過程を繰り返しながら連続して発展していくように構想して、探究の過程で目標の実現に向けて生まれてくる学習活動を組み込んでいくように計画していくことになる。

（4）単元計画に欠かせない探究的な学習の過程

　単元計画では、単元の目標に示した育成を目指す資質・能力を身に付けていくことができるように、単元の中に探究的な学習活動を組み込んで、その過程を繰り返しながら学びを深めていけるよう計画していくことが欠かせない。

　このことは、総合的な学習（探究）の時間の第1の目標の冒頭において、「探究的な見方・考え方を働かせ」とあるように、探究的な学習の過程が総合的な学習（探究）の時間の本質として重要であり、この時間の中心に据えるものであるということを意味している。

　総合的な学習（探究）の時間の学習では、問題解決的な学習が発展的に繰り返されていく。これを「探究的な学習」と呼び、その姿を表したのが図5−1である。

　探究的な学習では、①日常生活や社会に目を向けたときに湧き上がってくる疑問や関心に基づいて、自ら課題を見つけ、②そこにある具体的な問題について情報を収集し、③その情報を「整理・分析」したり、知識・技能に結び付けたり、考えを出し合ったりしながら問題の解決に取り組み、④明らかになった考えや意見などを「まとめ・表現」し、そこからまた新た課題を見つけ、さらなる問題の解決に取り組んでいくといった学習活動を発展的に繰り返していく。

　①課題の設定─②情報の収集─③整理・分析─④まとめ・表現の一連の過程は「探究のサイクル」と呼ばれており、探究のサイクルを繰り返していく探究的な学習は、物事の本質を探って見極めていこうとする知的営みの過程でもある。

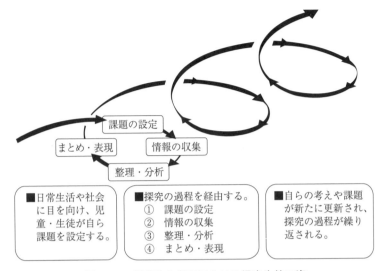

図 5 - 1　探究的な学習における児童生徒の姿

（文部科学省（2018）『小学校学習指導要領解説 総合的な学習の時間編』p.9、『中学校
学習指導要領解説 総合的な学習の時間編』p.9 より）

　単元計画では、探究課題に即した探究のサイクルが繰り返され、児童
生徒の問題解決的な学びが連続し発展していく姿を想定して学習活動を
構想し、その計画に組み入れていくことになる。

　しかしながら、探究のサイクルとして示された①②③④の過程は、必
ずしもこの順番で展開していくものととらえる必要はない。探究するこ
とによって物事の本質を探って見極めようとするとき、実際には活動の
順番が入れ替わったり、どれか一つの活動に重点がおかれたりすること
は、当然起こり得ることである。単元計画では、児童生徒の課題意識に
即して探究のサイクルを展開し、学びのストーリーを描いて単元の学習
活動を設定していくことが求められる。

2　探究的な学習における「主体的・対話的で深い学び」

（1）児童生徒を主語にした単元計画

　単元計画は、教師の作成する指導計画であるが、実際に学習を進めていくのは児童生徒である。総合的な学習（探究）の時間では、各教科のように学習内容としてこれを学習しなければならないと決められているものはなく、これからの社会の担い手として求められる資質・能力の育成に向けて、各学校で定めたこの時間の目標を実現するにふさわしい内容について学習を進めていく。

　一つの学習のまとまりとしての単元では、児童生徒の問いや疑問、興味や関心を出発点として、それらをとらえて単元計画を構想していくことが大切である。つまり、単元計画は教師の指導計画ではあるものの、教師の計画を児童生徒に取り組ませるためのものではなく、児童生徒の抱いた自らの問いを探究課題として学習活動を展開していくことができるように、また、児童生徒の課題意識に即して学習活動を展開していくことができるように作成していくことが大切である。そして教師は、課題の解決に向けて取り組む児童生徒に寄り添い、その学習を支援していく伴走者としての姿勢を基本としてかかわっていくことが大切である。

　また、単元計画では、児童生徒から生まれた問いや疑問から始まる探究的な学習の過程で資質・能力が育ち、学習がさらに高まっていくようにしていくことが大切である。そのためには、実社会や実生活とかかわりのある学びに主体的に取り組んだり、異なる多様な他者との対話を通じて考えを広めたり深めたりする学びを実現していくことが重要になる。つまり、「主体的・対話的で深い学び」を重視して繰り返し取り組んでいくことが、探究的な学習の過程をより一層質的に高めていくことになるのである。

（2）主体的な学びの視点

　主体的な学びとは、学習に積極的に取り組むというだけでなく、学習後に自らの学びの成果や過程を振り返ることを通して、次の学びに主体的に取り組む態度を育む学びのことでもある。

　児童生徒が主体的に学びに取り組む姿を生み出していくためには、課題設定と振り返りの場が重要となる。これは、探究的な学習の過程の中で、学習したことをまとめて表現し、そこからまた新たな課題を見つけ、さらなる問題の解決に向けて新たな探究を始めるといった過程を連続的、発展的に繰り返していくことができるようにしていく上でも大切なことである。

　課題設定については、児童生徒が自分事として課題を設定し、主体的な学びを進めていくようにするために、実社会や実生活の問題を取り上げることが考えられる。また、学習活動の見通しを明らかにし、学習活動のゴールとそこに至るまでの道筋を鮮明に描くことができるような学習活動を設定していくことも大切である。

　一方、振り返りについては、自らの学びを意味付けたり価値付けたりして自覚化し、他者と共有するために文章やレポートに書き表したり口頭で報告したりするなど、言語によってまとめ、表現していく学習活動が考えられる。特に、文字言語によってまとめることは、学習活動を振り返り、体験したことと収集した情報や既有の知識とを関連付け、自分の考えとして整理していくことによって深い理解につながっていく。

　なお、振り返りは、必ずしも単元の最後に行うとは限らない。探究の過程において、時には途中でいったん立ち止まり、振り返って考え直してみるということも意義のある活動となることが考えられる。

（3）対話的な学びの視点 ―協働的な学習―

　対話的な学びとは、他者との協働や外界との相互作用を通じて、自らの考えを広げ深めていく学びである。探究的な学習の過程を質的に高めていくためには、異なる多様な他者と力を合わせて課題の解決に向かうことが欠かせない。

　異なる多様な他者と対話することは、①他者へ説明するために、身に付けた知識や技能を使って説明し話すことで、つながりのある構造化された情報へと変容させていくこと、②他者から多様な情報が供給されることで、構造化された情報が質的に高められていくこと、③他者とともに新たな知を創造する場を構築することや、課題解決に向けた行動化へ発展することなどが期待できる。

　実際の授業場面では、例えば、対話的な学びを確かに実現していくものとして「思考ツール」と呼ばれる「考えるための技法」を意識的に使っていくことなどが考えられる。このような学習活動を組み入れていくことで、情報を可視化・操作化し、児童生徒が自ら共に学ぶ姿を具現化していくことが期待できる。また、こうした工夫をすることによって、思考を広げたり深めたりして、新たな知を創造していくことができる資質・能力の育成につながっていくのである。

　対話を通して進められる協働的な学習は、グループとして結果を出すことが目的ではなく、探究の過程を通じて必要になる資質・能力を身に付けていくことが目的なのである。また、グループで考えるだけでなく、一人一人が学習の見通しをもったり、振り返ったりして学びを深めていくことが求められている。

　なお、対話的な学びは、学校内において他の児童生徒と活動を共にするということだけではなく、一人でじっくりと自己内対話をすること、先人の考えなどと文献で対話すること、離れた場所をＩＣＴ機器などでつないで対話することなど、様々な対話の場面が考えられる。

（4）深い学びの視点

　深い学びについては、探究的な学習の過程を一層重視し、これまで以上に学習過程の質的向上を目指すことが求められる。

　総合的な学習（探究）の時間において探究的な学習の過程が充実していくことは、各教科で育成された資質・能力が繰り返し活用・発揮される場面が何度も生み出されることが期待でき、そのことによって、知識及び技能は関連付けられたり概念化されたりして、生きて働く知識及び技能として習得されていくことになる。また、活用場面と結び付くことで、予測困難な問題状況においても対応できる思考力、判断力、表現力等として汎用的なものとなり、多様な文脈で使えるものになっていくことが期待できる。

　さらに、探究的な学習の過程において、児童生徒は自らの取り組みや成果に手応えをつかみ、前向きで好ましい感覚を獲得していくことが期待できる。そしてそのことが、さらなる探究過程に向かおうとする安定的で持続的な意志や、学びを自分の人生や社会に生かそうとする学びに向かう力、人間性等の涵養につながっていくのである。

　なお、主体的な学び、対話的な学び、深い学びの３つの視点は、一体的な学びとして実現されるものであり、それぞれ相互に影響し合うものでもある。単元計画の立案においては、それぞれのバランスに配慮しながら、目の前の児童生徒の学びの姿や状況を把握し、それに応じた計画の変更や改善を行い、児童生徒一人一人の学びをより深めていくことができるようにしていくことが大切になる。

【引用・参考文献】

文部科学省　2018　小学校学習指導要領解説 総合的な学習の時間編　東洋館出版社
文部科学省　2018　中学校学習指導要領解説 総合的な学習の時間編　東山書房
文部科学省　2019　高等学校学習指導要領解説 総合的な探究の時間編　学校図書
文部科学省国立教育政策研究所教育課程研究センター　2020　「指導と評価の一体化」

のための学習評価に関する参考資料 小学校 総合的な学習の時間　東洋館出版社
文部科学省国立教育政策研究所教育課程研究センター　2020　「指導と評価の一体化」
のための学習評価に関する参考資料 中学校 総合的な学習の時間　東洋館出版社

第6章

総合的な学習の時間の実際 ―復興支援の視点から―
‥‥‥‥‥‥

　「実社会や実生活の中から問いを見いだすこと」が、総合的な学習の時間の「第1　目標(2)」として示されている。取り組みを進めている各校では、地元の特徴を生かした素晴らしい活動を行っているところが多い。郷土に伝わる伝統芸能を継承したり、地域の歴史を探ったり、様々な活動を地域の人々と連携・協働しながら成果を上げている。本章ではそうした総合的な学習の時間の活動として取り組んだ、「東日本大震災の復興支援」の実際について紹介しよう。

　平成23(2011)年3月に発生した東日本大震災においては、東北地方から太平洋沿岸の東日本の広い範囲が甚大な被害を受けた。人的被害はもとより建物の壊滅的な被害や地域の文化、人々の日常生活の破綻など多くの悲惨な場面がわれわれの心に刻み込まれた。学校もその例外ではない。学校における安全教育については、平成29(2017)年に告示された学習指導要領においては、「特別活動」の内容として、【学校行事】の中の「健康安全・体育的行事の中で、事件や事故、災害から身を守ることについて」で明示されている。安全教育は、震災を体験した子どもたちが、自分たちの社会や生活について改めて考えるきっかけになり、「被災した同じ小学生を支援できないか」と、総合的な学習の時間や特別活動、国語や社会科などの時間を活用し、児童の資質・能力を踏まえた教科横断的な目標や課題を設定する実践は有用であると考える。ここでは、高橋(2016)をもとに実際の学習について考えてみたい。

1　児童生徒が主体となる安全教育の概念モデル

　学校には様々に危機的な状況が起こりうることをわれわれは忘れては
いけない。不審者の学校侵入や児童生徒への危害など枚挙にいとまがな
い。東日本大震災のように規模の大きい危機的な状況に対してはどのよ
うに対処したらよいのかということは、担当者も手探りにならざるを得
ない場合もあるだろう。

　そうしたときの対応としてピッチャーとポランド（2000）は、危機介
入の段階を表6-1のように整理している。

表6-1　危機介入の段階

（1）衝撃の段階
（2）退却（後戻り）の段階
（3）解決・調整の段階
（4）危機以前の機能のレベルへ回復する段階

（ピッチャーとポランド（2000）『学校の危機介入』p.49 を参考に筆者作成）

　いわゆる危機に出会って、それを抑制するための行動を開始し、ある
程度抑制された段階で状況に対するアセスメントを行う。その後のプラ
ンを立案し、対応システムを考えていくのが衝撃の段階である。最初の
危機に出会ってからしばらくすると人々は精神的な不安定さが顕現化
し、情緒的な反応が多く見られるようになるのが、退却（後戻り）の段
階である。続く解決・調整の段階においてゆっくりと長い時間をかけて
情緒的退却を克服していく。そして個人差もあるが、数か月からそれ以
上の長い時間をかけて、危機がもたらした変化に対応し以前の機能レベ
ルへの回復を図っていくのである。

　これから紹介するのは、東日本大震災における「退却（後戻り）の段

階」に寄り添いながら、解決・調整、そして機能のレベルの回復に寄り添っていった事例である。実際に児童たちがどのような時間軸を経て危機からの回復に介入していったのか考えていきたい。

2　東日本大震災後の児童・学校へ、日常生活を取り戻す

　平成23（2011）年3月11日。未曾有の被害をもたらした東日本大震災。その爪痕は震災発生から数年たった今もなお各地に残っている。岩手県下閉伊郡山田町立山田北小学校は、そんな被災地に立つ、平成23年当時全校児童70名程度という小規模な学校である。震災によって山田北小学校の子どもたちの環境は一変した。彼らが日常のほとんどを過ごしていた学校生活も変わらざるを得なかった。なぜなら、多くの人々が身を寄せ合う避難所となったのは、毎日彼らが通う学校の体育館だったのである。体育館は使えず、加えて校庭は瓦礫で埋まりヘドロで汚染され、廊下や特別教室には支援物資があふれかえっている状況が続いた時期には、子どもたちの遊び場すら学校にはなかった。

　そんな被災地の状況を知った同じ岩手県内の内陸部にある滝沢村立篠木小学校（当時）の小学6年生（2学級72名）が、被災し傷ついているだろう自分たちと同じ小学生の被災者に対して、震災直後からおよそ一年間にわたって自分たちで計画し実践してきた活動は、被災地の児童に寄り添っていきたいという思いから生まれたのであった。

　子どもたちと取り組んできた具体的な活動は大きく3期に分けられる。被害の状況について教師が情報収集し、子どもたちも自ら被災地の様子について調べ考え始めた「情報収集期（3〜5月）」。様々な方法を考え、実際の交流支援を始めた「交流開始期（6〜8月）」。お互いの学校を訪問し合いながら積極的な支援がみられた「交流活発期（9〜11

月）」である。そうした交流活動を経て、2つの小学校の児童は、貴重な交流体験を胸に「卒業」の時を迎えたのであった。以下、時間経過に沿って、具体的な実践について述べていこう（図6‐1）。

（1）情報収集期（3～5月）

1）第1次訪問：被災地支援

被災後数日が経った3月下旬、被災地支援に県全体が始動し始めたとき、筆者は3日間の被災校支援に手を挙げた。支援先は、盛岡市から約130km離れた山田町立山田北小学校である。学校は海岸線からそう遠くなく、校舎には直接的な被害はなかったのだが、震災時校庭には津波が押し寄せてきており、打ち寄せられた残骸が辺り一面を覆っていた。学校は付近住民の避難場所となっており、多い時には500人弱がバスケットボールコート一面とれるかとれないくらいの広さの体育館に身を寄せ合うようにして生活していた。3日間の支援活動を終え、当時の所属校である滝沢村立（現 滝沢市立）篠木小学校に復帰したのは、新年度に日付の変わった4月1日のことであった。

　学級会の時間に3日間の被災地支援の記録写真を見せながら、その時の様子を伝えることを計画した。道中の様子、被災校周辺、瓦礫で埋まった校庭、変貌する校舎内。そうした状況を撮影した写真の一枚一枚は、担任の説明よりもはるかに雄弁に窮状を伝えてくれた。食い入るように画面を見つめる彼らの心に、小さな灯がともったのはその時であった。

　「何かできることはないでしょうか？」学級会で、学級委員の一人がみんなに投げかけたその言葉に、多くの子どもたちが反応した。自分たちに何ができるのか、真剣に考えているようであった。総合的な学習の時間を使い考えた活動のめあてや取り組みが、「元気づけてあげようよ」「そうだ、応援の横断幕を作ろう」であった。自分たちの身の回りの社

（1）横断幕作り

　4月上旬から学年全員が、山田北小学校の子どもたちを元気づけるために横断幕に応援メッセージを寄せる形で作成し始める。4月下旬に持参したところ、それから1学期の間は毎朝、児童が登校したときに目につくようにとの配慮から、児童用玄関に近い職員室前廊下に、篠木小学校児童の写真と共に掲示していただいた。

（2）パンフレット作り

　自分たちの住んでいる地域の紹介と体験してきた修学旅行の「体験記」の2種類のパンフレットを作成した。学習や体験を交流して楽しんでもらおうという目的からみんな真剣に取り組み、習字道具を準備して毛筆で表紙を書いたり、三つ折りにしたり工夫を凝らして作った。

（3）2度の交流会、名刺作り

　ゲームをしたり名刺交換をしたりしながら交流会を行った。1度目は修学旅行を活用して山田北小学校が来校し、2度目は篠木小学校の児童が被災地の山田町を訪問した。児童は一枚一枚心を込めて手書きの名刺を作成した。

図6-1　主な活動とエピソード例

会、自分たちの生活の中から課題が生まれた瞬間だった。「ガンバレ山田北小学校」と大書した周りに、自分たちからのメッセージをそれぞれがしたためた6mほどの横断幕が瞬く間にでき上がった。その横断幕をみんなの笑顔が取り囲んでいる写真を撮り、あわせて担任が4月中旬に

第2回目の訪問を行うことにした。こうして、その後約1年間にわたる子どもたちの支援活動が始まったのである。

2）第2次訪問：笑顔の横断幕

半月ぶりに訪れた学校ではまだ入学式・始業式も行われてはおらず、先生方は再開に向けてあわただしく準備をしている真っ最中だった。そんな時にもかかわらず、先生方は子どもたちの笑顔の横断幕を喜んで迎えてくれた。校長室で話を伺った後、校舎内を巡回したところ、避難所の体育館からは少しずつ避難している方が減ってきていることを感じた。校舎と体育館を結ぶ渡り廊下もきれいに片づけられており、少しずつではあるが学校再開、生活再建に向かってきていることを感じた。

その後学校に戻り、現在の様子や横断幕が喜ばれたことを、授業参観日に合わせて保護者と子どもたちの両方に伝えた。保護者の方々も実際の被災地の様子に大きく心を動かされたようであった。

3）第3次訪問：荒天の中の不安感

5月末の月曜日、勤務校の運動会の振替休日を利用し、3回目の訪問を行った。台風並みの大雨と暴風の中、学校に到着する。玄関わきには前回届けた手作りの横断幕と子どもたちの笑顔が迎えてくれた。毎朝、子どもたちの目に留まるところに飾ってくれていることをとてもうれしく思った。校長先生によると横断幕はとても子どもたちに好評のようで、「いろいろな支援をいただいた中で、子どもたちにとっては一番うれしかったようですよ」という言葉をいただいた。

（2）交流開始期（6〜8月）

1）パンフレット作り

自分たちが贈った横断幕が、山田北小学校に受け入れられていることを知った子どもたちはとても喜んで次の支援を考えることにした。学級会を開き、何をしようかと考えていたが、国語の学習で取り組んでいた

のが自分たちの関心を持つことを調べて作成する「パンフレット作り」であったので、それを送ろうということになった。パンフレットのテーマとして子どもたちが選んだのは、「自分たちの住む村の紹介」と「修学旅行記」であった。自分たちのことを紹介したいという思いとともに、修学旅行に行けないかもしれない被災校のみんなのために経験したことを伝えたいという願いからだった。

　「被災地との交流活動」という本実践のような長期的で教科横断的な活動を充実させるためには、目的やねらいなどを検討しながら各教科や総合的な学習の時間、特別活動、道徳科などとの連携を図り、教育活動全体を通じて考えることが重要である。交流活動の中心となる計画の立案（内容、役割分担など）は、学級活動の時間を使って話合い活動を行い、実施にかかるパンフレット作りの作成は国語、そのための資料収集や課題や計画づくりには総合的な学習の時間を活用して発展的に取り組み、後述する交流会の実施は総合的な学習の時間を活用した。

　作成した2種類のパンフレットを7月の訪問時に持参した。生活や学習のための支援物資の方がよいのではないかという懸念はあったのだが、「こういうのがうれしい！」と言ってくださったのはとてもありがたかった。

2）サプライズな提案

　夏休みに入った8月に、パンフレットの回収や何かお手伝いできることはないかと考えて訪問した際に、思いもよらないサプライズな提案を受けた。

　「生活も落ち着いてきて、修学旅行を実施する方向で計画しています。ついては、その旅行中に学校を訪問したいのですが」という申し出だった。交流してくれている篠木小学校に行きたいということを子どもたちや先生方が希望してくださり、修学旅行のコースを一部変更してくれるというのである。その後、学校長を含めて協議し、学校全体として迎え

ることとした。どういったお迎えをするかという議論になったとき、やはりこれまで同様、子どもたちの自主的な取り組みに任せたいと考えた。そして二学期の始業式の日、学年の執行部を集めて交流会を開催することを告げたのだった。

（3）交流活発期（9～11月）

1）交流会の開催

　修学旅行中に来校してもらえることを知って、子どもたちは大喜びだった。「交流会をしようよ」ということで、その日の学年執行部の話合いは大いに盛り上がった。修学旅行中ということなので日程は決まっている。その中で、どのように交流会を開催したらよいのか、子どもたちの議論は熱を帯びていった。

　6年生として自分たちの思い出のためにもすべてを成功させたい——そんな彼らの熱い思いは、大きなエネルギーとなっていった。学年執行部から提案されたのは、山田北小学校が中心となったゲーム大会と、篠木小学校のみんなで取り組みたいという「マル・マル・モリ・モリ！」「会いたかった」の2曲のダンスであった。一部の男子がこれに反対した。踊るのは恥ずかしい、かっこ悪い、踊れないというのがその理由である。執行部はどうするのだろうと心配していたら、どうやらそういう男子の反応は想定していたらしい。「今から練習方法を説明します」と、練習計画を説明し始めたのだ。練習は、昼休みを中心に行い、あまりダンスが得意ではない人たちは、いくつかのグループに分けて、ダンスの得意な女子たちが中心となって教えるというものだ。あわただしい中にあっても全員が真剣だった。昼休みは分担して準備に取り組み、各担当者はDVDやTVの準備、立ち位置の確認、執行部は交流会の司会進行の打ち合わせなど、主体的に行動していた。時間に追われて忙しく過ごしながらも、みんなはとても生き生きとしているように見えた。交流会

がすぐそこまで迫っていた。

２）第１回交流会

　10月7日金曜日の朝。子どもたちは朝からそわそわと落ち着かなかった。全校の協力のもと、1・2校時の時間帯は体育館を借り切って交流会を行うこととなっており、いつもより早く登校してきた子どもたちは、会場の飾りつけや準備に余念がなかった。

　「来たよ！」。玄関で出迎え係の子からの連絡が入り、体育館に緊張が走る。「横断幕を用意して！」「早く並んで！」──いろんなところから声がかかる。やがて先導の子が、山田北小学校の6年生14名と引率の先生方3名を連れて体育館に入ってきた。彼らは、大きな拍手とBGMの中を照れくさそうにしながら、やや緊張した面持ちであった。司会役が交流会の開会を告げ、進行していく。最初は硬い表情だった児童たちも、会が進むにつれ緊張がほぐれてきたようだ。あちこちで笑顔や拍手が沸き起こりだした。

　山田北小学校の先生が用意してくれたレクリエーションゲームでみんなが楽しんだ後は、猛練習を重ねたダンスの時間である。曲が流れだすと笑顔とともにリズミカルにみんなが動き出す。男子も女子に負けてはいない。多少ぎこちないものの、楽しそうに音楽に乗っている。「皆さんも踊りませんか？」という司会の言葉に走り出す子どもたち。山田北小学校の子どもたちの手を次々と取り、ダンスの輪の中に連れてくる。最初は少し恥ずかしそうだった子どもたちも、次第にノリノリに。交流会が終わって感想を発表する段になったら、「とても楽しかった！」「来てよかった」という声を聴いて、篠

写真6－1　第1回交流会　発表会の様子

木小学校の子どもたちもとても満足そうであった。

　予定の時間を多少過ぎて、充実した2時間ほどの時間を過ごした後は、全員が集まって満面の笑顔で記念撮影を行った。学校の玄関で別れを惜しむ子どもたちは、ずっと前からの知り合いだったかのようであった。みんな、車窓から手を振る彼らの姿が見えなくなるまで、見送り続けていた。

　3）第2回交流会に向けて

　心温まる第1回交流会の余韻がある中、数人がやってきた。「今度は、私たちが直接山田北小学校に行って交流会をしたいです」というのである。そこで、2クラス合同の学級会を設定し、学級委員を司会者として、山田北小学校に訪問して開催する交流会の内容についての話合いが始まった。

　やがて、一人の子が挙手をして意見を話し始めた。「せっかくだから、思い出に残るようなものをあげたいと思います。みんなで卒業するし」。そうなのだ。この時期は、子どもたちにとって小学校生活の集大成ともいえる卒業式のための準備が始まっている大切な時期である。どちらの学校の児童にとっても、この交流活動は大きな意義を持つとともに将来にわたって思い出となる活動となるだろう。そんな交流活動を大切にしたいという児童の願いが感じられる発言であった。それを受けて、別の子が「名刺づくり」を提案してきた。自分の顔を描いたり趣味などを記入したりして交換した経験から、「とてもいい記念になる」というのだ。なるほど、それはよいアイデアだとみんなも賛成

写真6-2　第2回交流会 名刺交換の様子

し、名刺づくりを行うことになった。

　さらにブラスバンド部の「演奏会」も開いたらどうかという意見も出た。音楽でみんなを楽しませたいということだった。もちろんみんな大賛成で、第2回交流会に向けて、名刺づくりとブラスバンド部の練習がスタートしたのであった。

4）第2回交流会

　11月28日。72名の子どもたちと引率の教員5名を乗せたバス2台は、約2時間半をかけて山田北小学校に着いた。行く道すがらの光景は、初めて被災地を訪れた子どもたちにとっては、とても大きな衝撃だったと思われる。被災地出身のバスの運転手さんが語ってくれる当時の様子や目に飛び込んでくる情景は、自然の力のものすごさと復興に打ち込む人々の大変さを伝えてくれた。

　山田北小学校の体育館に入ると大歓迎が待っていた。たった14名の子どもたちが精いっぱいの準備をし、横断幕や交換用の名刺を作って待っていてくれたのである。再会を喜ぶとともにさっそく名刺交換。それが終わると前回のようにゲーム大会が始まり、体育館に歓声が上がり始めた。学校の枠を超えた仲間集団があちこちに生まれている。汗をかきながら男子も女子もはしゃぎまわっているそこには、明るい笑顔だけがあった。

　その後、ブラスバンド部の演奏会が始まると、体育館には5年生と1・2年生もやってきた。一緒に演奏会を聴きたいということであった。この日のために練習を重ねてきた部員たちは、6曲ほどを懸命に演奏した。聴いている子どもたちはもちろんのこと、体育館にいた誰もが引き込まれるような演奏であった。「今年一番よかったかも！」と、演奏後につぶやいた一人の部員の言葉が、その時の演奏に込められた全員の気持ちを代弁していた。

　一緒に昼食をとり、校舎を案内してもらった。6年生の教室に入ると、

「先生、飾っていてくれていた！」——私に駆け寄って告げてくれた子どもたちは、実にうれしそうであった。みんながこれまで送った手紙などが壁面に飾ってあったのだ。4月に送った横断幕もパンフレットもみんな写真に残して大切に飾っていてくれた。その思いに触れたとき、私たちはとても心が温かくなった。

　やがてお別れの時間が来た。体育館で全員が集まって写真を撮り、バスに乗り込む私たちを、山田北小学校の児童は車道に飛び出さんばかりの勢いで、手を大きく振って見送ってくれた。

（4）卒業へのメッセージ

　3月に入り、子どもたちは卒業の時を迎えた。卒業文集・アルバムがやっと完成し、それを全員に配布した。例年どおり、小学校生活の思い出をつづった文章には、修学旅行や運動会などの学校行事がたくさん登場したが、ほとんどの子がそれに加えて山田北小学校との交流会のことを記していた。彼らの中には、地元新聞社の投稿欄に交流会のことを投稿した子もおり、この一年間の交流がいかに大きなものであったかを物語っている。

　卒業を前に子どもたちは、山田北小学校にメッセージを届けた。お互いの卒業を共に喜び合おうとするメッセージであった。後日、山田北小学校からも卒業を祝うメッセージが送られてきて、児童はそれを満面の笑顔で読みふけっていたのである。

　自らが課題を見いだし、その解決のためにみんなで考え取り組んだこの事例は、総合的な学習の時間、特別活動、国語、特別の教科 道徳などの教科横断的な活動を通じて、児童の心の成長を感じることができた取り組みであったといえよう。本事案においては、活動後の作文等で評価したが、心の成長を感じる内容が多かったことを付言したい。

【引用・参考文献】

ゲイル・D.ピッチャー，スコット・ポランド　上地安昭・中野真寿美 訳　2000　学校
　の危機介入　金剛出版（Gayle D. Pitcher and Scott Poland　1992　*Crisis
　Intervention in the Schools* The Guilford Press）

高橋知己　2016　子どもたちによる東日本大震災被災地との交流活動　日本特別活動学
　会紀要第24号　pp.51-60

第7章

総合的な学習（探究）の時間の評価
・・・・・・・・・

1 総合的な学習（探究）の時間における評価の難しさ

　総合的な学習（探究）の時間を実施するにあたって、目標を設定し、学習計画の策定を行うことはそうたやすいことではない。絶対評価か相対評価かという評価方法の議論はこれまでも行われてきたが、わが国の公立学校においては絶対評価、特に目標準拠型の到達度評価を導入している学校が多い。あらかじめ設定した観点や内容などの到達目標である評価規準に対してどの程度到達できたのかを評価基準を指標として判断するものである（表7-1）。このような「評価規準」と「評価基準」を教育現場では区別するために、「のりじゅん」「もとじゅん」と呼ぶことが多い。例えば小学校中学年の体育で「水を楽しもう」という単元を

表7-1　評価規準と評価基準

	観点	具体例
評価規準	「知識及び技能」「思考・判断・表現」「主体的に学習に取り組む態度」といった観点による評価によって示された、子どもに付けたい力	より具体的な子どもの成長の姿を文章表記する
評価基準	評価規準で示された付けたい力の習得状況の程度を明示するための指標	数値（1・2・3）、記号（A・B・C）、文章表記

評価する場合に、「泳ぐことができるようになる」が評価規準とすると、「呼吸しながら泳ぐことができた」「補助具を使いながら泳ぐことができた」などが評価基準となる。

　総合的な学習（探究）の時間では、こうした到達度評価を導入することが各教科に比べて難しいとされる。

　その理由としては、

　①　活動の場が広い

　②　動的な活動の評価が難しい

　③　個人や集団の変容がとらえにくい

　④　評価の観点の明確化が課題となる

などがあげられる。

　教科横断的で活動の場が広い総合的な学習（探究）の時間や特別活動では、活動が学校の内外にわたることも多く、活動場所が多岐にわたる。同じ時間に子どもたちがいろいろな場所でそれぞれの活動にたずさわっていることが想定される。さらに静的なペーパーテストやテキストなどで評価することが難しい場合もあり、個人がどのように変容したのかとらえにくい。そのために評価規準や評価基準の設定が大きなポイントになるのだが、こうした評価方法の困難さもあり、学校現場においてはより一層の評価の工夫が求められている。

　評価方法として考えられているのは表7−2のような工夫である。課題の設定、活動の実際、活動後などのそれぞれの学習過程において、児童生徒の発言や制作物などの学習記録・観察など、多方面からの評価方法に各校では取り組もうとしている。

表7-2　評価方法の工夫

・発表やプレゼンテーションなどの表現による評価
・話合い、学習や活動の状況などの観察による評価
・レポート、ワークシート、ノート、絵などの制作物による評価
・学習活動の過程や成果などの記録や作品を計画的に集積したポートフォリオ
　を活用した評価
・評価カードや学習記録などによる児童生徒の自己評価や相互評価
・教師や地域の人々等による他者評価　　など

（文部科学省（2018）『小学校学習指導要領解説 総合的な学習の時間編』p.9をもとに筆者作成）

2　実践で活用するポートフォリオ評価

　評価の工夫について、第6章で紹介した小学校における「復興支援の視点から」の実践での評価について検討してみよう。もとになるのは小学校学習指導要領に示されている「総合的な学習の時間の特質に応じた学習の在り方と探究的な学習における児童の学習の姿」（図7-1）である。児童は、東日本大震災という社会における大きな出来事から探究の過程をスタートさせる。まず、①自ら「被災した小学生を支援する」という課題を設定し、②必要な情報の収集を行った。新聞やテレビ、インターネットなどを通じた情報収集を行い、被災した現地の様子を担任から詳しく聞いたり写真を見たりしている。③現状を見極めた上で自分たちができることを、話合い活動などを通じて考え、④実際に作品を制作していくという活動を開始している。それが、最初の取り組みである横断幕作りにつながっていく。

　図7-1における課題の設定、探究の過程はこのように経由し展開されていく。さらに第6章で紹介しているように、活動はパンフレット作り、交流会、名刺作りへとスパイラルを繰り返して広がっていくのであ

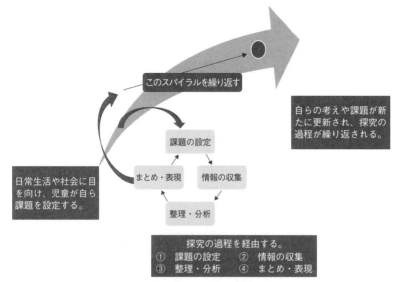

図7-1　総合的な学習の時間の特質に応じた学習の在り方と探究的な学習に
　　　　おける児童の学習の姿
（文部科学省（2018）『小学校学習指導要領解説 総合的な学習の時間編』）

　る。この取り組みの中で行われたのは、表7-2にも既出したポート
フォリオによる評価である。ポートフォリオ評価とは、西岡（2003）に
よると「子どもの『作品』（work）や自己評価の記録、教師の指導と評
価の記録などをファイルなどの容器に蓄積・整理するもの」であるとし
ている。そしてポートフォリオ評価法とは、「ポートフォリオづくりを
通して子どもの自己評価を促すとともに、教師も子どもの学習と自分の
指導を評価するアプローチ」であるとしている。ポートフォリオ評価も
大別すると児童生徒のパフォーマンスを評価するパフォーマンス評価の
一種であると考えることができ、従来指摘されてきたような知識・理解
領域に偏重した評価とは一線を画すものとなっている。

3　評価基準例

　パフォーマンス評価のための評価基準の作成例を考えてみよう。活動
を開始するときに話合いをリードする学級委員の例である。課題を設定
し、学級全体でどのように取り組んでいくのかを決定する大切な役割を
担う学級委員の活動をどのように評価していけばよいのだろうか。

　学級委員は計画を策定する時期や内容を設定し、学級のみんなに提案
することが求められる。その時に行う教師の支援の内容や指導上の留意
点を考えながら評価の観点について示したのが、表7-3である。

　「評価ア」は、評価の観点の「学びに向かう力、人間性等」を設定する
ことが考えられる。「被災地の支援を行いたい」という意欲や活動に取り
組む際の責任感ということが、例えば話合いの中の語りやノートなどに
記録されているかどうかで評価することができる。「評価イ」は、みんな

表7-3　話合い活動に向けた学級委員の評価例

日時 (回)	活動予定	教師による支援 指導上の留意点	評価
○月 ○日 ①	学級会のための準備、計画を考える。	なぜ「被災地の支援を行おう」を議題とするのか、「どのように取り組むのか」という提案理由を確認し、学級のみんなにも伝えられるようにする。	ア
○月 ○日 ②	やりたいこと、取り組みたいことなどのアンケートを学級のみんなに行う。	情報を集めたりしながら、迎える会にふさわしい内容を選ぶようにする。その上で、学級会の提案を検討させる。	イ
○月 ○日 ③	第1回学級会を開く。アンケートの集計結果を示しながらみんなの意見を集めて、発表内容を決める。	話合い活動を通して、みんなが納得して協力しながら活動に進んでいけるようにする。	ウ

からアンケートを募集するときの方法について具体的に提案できるかどうかを「知識及び技能」の観点からみることができる。「評価ウ」では、司会者として話合い活動を組織して進行できたかという「思考力、判断力、表現力等」という観点から評価できる。このように、学級全体を対象にした評価というよりは、個別的な評価を行う際には活動予定に対しての実際の活動という視点から評価を行うことも企図することができる。

　一方、学級集団として実際に横断幕作りを行う活動に取り組んでいるときの児童に対する評価基準は表7-4に示す。

　実際に横断幕作りの準備が始まっていくと、被災地のみんなが喜んでくれるような横断幕を作成したかどうかというような制作物のパフォーマンスという観点からの評価を行うことが可能になる。児童によっては、学びに向かう力という観点において意欲的に取り組もうとしている様子が見られた場合に評価できる場合があるかもしれないが、自分の意見を述べることには積極的であったり、自分の役割に真剣に取り組んでいる

表7-4　評価の観点に基づく評価例

評価の観点		児童名	児童名
学びに向かう力、人間性等	横断幕作りに意欲的に取り組もうとしている。	◎	◎
	決められた自分の役割を果たそうと真剣に取り組んでいる。		◎
	学級のみんなと協力して横断幕作りを成功させようとしている。		
思考力判断力表現力等	ねらいに沿って考え、自分の意見を述べることができる。		
	学級会で話し合って決まったこと（横断幕作り）について協力しながら取り組んでいる。	◎	
知識及び技能	話合いで決定した内容についてよく理解している。		◎
	横断幕作りの準備や自分の役割について理解している。	◎	

様子が見られたりすることもあるだろう。そうした評価の観点を設定し、例えば机間指導などを行う際に評価シートなどを活用しながら評価することが考えられる。こうした場面を単元の中で設定して、ポートフォリオ評価につなげていくことを単元計画の中に位置付けておくことが実践においては有用であると考えられる。

4　評価規準（基準）作成のポイント

　第6章の事例では、最終的な活動の振り返りの作文が評価にとって大きなポイントとなった。被災地支援という大きな課題に向かって取り組んだ児童は、それぞれの思いを、それぞれの言葉で振り返っていた。学習を通して多くの情報を収集し、実際に支援の活動を行うことで、自らが考え計画した活動は適切だったのか、練習計画はどうだったのかなど、それぞれが内省しながらも、やり遂げた満足感をつづっていたことは学習活動としての効果が高かったことをうかがい知ることができるものであった。

　作文のようなテキストの評価を行う場合、例えば複数の教師が担当していたときに、一方は全員が達成できることをねらった評価規準を設定して全員が達成できたと、もう一方は7割程度の生徒が達成できるような評価規準を設定し、およそ半分の生徒が達成できなかったというような状況は十分起こりうる。そのため教師には、評価規準・評価基準の設定方法や、評価の精度についての研修が必要である。実践の場でも、目標や評価基準の設定とともに、評価の妥当性についても検討していくことが求められている。

　単元の評価規準を作成するために必要なポイントは、①単元目標の設定、②目指すべき児童生徒の資質能力の明確化である。単元目標を設定し、そこで示された資質・能力をもとにどのような児童生徒像を目標と

表7-5　ルーブリック例

基準と尺度	具体的に記述された指標
大変良い　5	横断幕作りの活動について、自分と周囲の人たちの意欲的な取り組みの様子や心情の変化などにも触れながら記述することができる。
ふつう　3	横断幕作りの活動について、自分と周囲の人たちの様子を記述することができる。
要改善　1	横断幕作りの取り組みの様子について、さらに記述を深める必要がある。

するのかを明確にして評価規準・評価基準を設定することが重要である。

　具体的な評価基準を設定するためには、ルーブリック作りが有効である。ルーブリックとは、単元目標に対して児童生徒がどの程度達成したのかを評価する基準となるものであり、目標達成の程度を具体的に示す評価のための指標となるものを指す。例えば表7-5を見てみよう。

　これは、横断幕作りの活動を振り返った児童の作文に対するルーブリック例である。3段階で示してあるが、1〜3、3〜5の間にそれぞれ2、4の段階を入れて5段階にすることも可能である。どういった項目に触れられていれば目標達成と言えるのかということを具体的に指標として設定することで、評価はより妥当性の高いものとなることが期待できる。

5　これからの評価

　近年の教育現場においては、従前からの知識重視型の指導及びその確認のための評価テストの在り方から、方向転換を図ってきている。現実

的な世界においても活用できるような課題の解決に取り組むことを学習内容とする「真正の評価（authentic assessment）」アプローチなどがその代表的な取り組みである（遠藤，2003）。こうした考え方は、パフォーマンス評価やポートフォリオ評価の理論的な背景にあるものともいえる。教科横断的で総合的な活動を展開することを目標とする総合的な学習（探究）の時間の活動は、まさにこうした現代的な教育のニーズにこたえる学習内容を具備しているといえよう。動的な活動に対する評価の難しさはあるものの、児童生徒の変容を正しく見取ること、評価することは教育の本質ともいえる営為であると考えられる。前節で紹介したルーブリックの策定のプロセスにおいても、一次的に作成した後にさらに複数によって検討を加えて「メタ・ルーブリック」として策定することなどを繰り返すことで評価の質も高まり、教員の目標設定から評価に関する意識も変容していくことも期待できる。

　総合的な学習（探究）の時間は、児童生徒の生涯にわたる自律的な学習のきっかけを作る、いわば学習へ誘う入口の役目を担う内容を具備している。何気ない日常生活の中から課題を見つけ、探究し、活動しながら課題解決に向かい、やがて次の課題に出会う。そうした不断の学修（学習）の背中を押すのが評価ではないだろうか。自分はどこまで目標を達成できたのか、達成できたことと未達のところはどこなのかを確認していく内省（リフレクション）のための評価の在りようを考えていくことがこれからの課題の一つである。

【引用・参考文献】

遠藤貴広　2003　G.ウィギンズの教育評価論における「真正性」概念 ―「真正の評価」論に対する批判を踏まえて―　教育目標・評価学会紀要第13号　pp.34-43

西岡加名恵　2003　教科と総合に活かすポートフォリオ評価法 ―新たな評価基準の創出に向けて　図書文化　p.39

第8章

学級（ホームルーム）経営に生かす
総合的な学習（探究）の時間
·········

　総合的な学習（探究）の時間の目標の一つに「(2) 実社会や実生活の中から（実社会や実生活と自己との関わりから；高等学校）問いを見いだし、自分で課題を立て、情報を集め、整理・分析して、まとめ・表現することができるようにする」がある。これは、実社会にある多様な問題は、複合的な要素が絡み合っており、容易には解決に至らないことが多いが、自分で課題を立ててそうした問題に向き合うこと、課題を見いだすことの重要性を述べているものといえる。

　総合的な学習（探究）の時間では、課題解決に協働で向かう機会が多く設定されており、探究的な見方・考え方を働かせながら、課題解決を目指すとともに自己の生き方を考えていくための資質・能力の育成を目指すことが目標として示されている。他者とのかかわり合いを通して自らの生き方を考えていくことは、社会の一員として求められる姿の一つとして考えられよう。こうした意味において、総合的な学習（探究）の時間が、学級（ホームルーム）の集団づくりや学級経営に大きな影響を与えることがうかがえる。総合的な学習（探究）の時間における学びを、学級（ホームルーム）経営にどのように活用することができるのか、ここでは中学校の合唱コンクールを事例として考えていこう。

1　中学校における合唱コンクールの意義や影響

　中学校の主な学校行事として体育大会や修学旅行等があげられるが、これらは学級という単位よりも学校や学年といったより大きい単位で取り組むことが多い。林（2014）によると、大学生に自分自身の中学生時代を振り返り、最も良い印象に残っている学校行事をあげてもらったところ、「合唱コンクール・祭」が33.2％で最も多く、以下、「体育祭・運動会」31.4％、「修学旅行」9.4％であった。

　多くの大学生にアンケートをしてみると、合唱コンクールは全国的に見てもほとんどの中学校で実施されている。中学生にとって学級単位で行われる数少ない学校行事であり、思い出に残る行事であるといえる。指導する学級担任にとっても、合唱コンクールは学級集団づくりの一つの契機である。合唱コンクールの練習が始まる前は学級に問題がない場合でも、合唱コンクールに取り組む過程で、周囲の協力が得られずリーダーが悩んだり、男女で思いの違いから険悪な雰囲気になったりするなど、困難な問題に直面する場面が多くみられることは多くの人々が経験しているのではないだろうか。

　集団内で起こる問題は生徒だけでは解決できない場合も多くあるが、学級担任は、生徒一人一人が葛藤を経験しながら問題解決に取り組むことが、学級としても人間的にも成長する一つの場面であると考えている。問題解決の過程を通して普段あまり話すことがない生徒同士が交流を深め、練習を通じた生徒個々の自主的な活動を通して、自尊感情を高め他者理解を深めていくことが学級集団づくりに有効だと感じているのである。

　こうした学級内での問題や課題を解決するために、総合的な学習の時間や特別活動、道徳科や音楽など教科の枠を超えて総合的・横断的に取

り組んでいくことは、学級経営における協働性を陶冶する意味において
も重要な活動となり、集団に及ぼす影響も大きいものがあると考えられ
る。

　高橋・金谷（2015）は学級集団感に及ぼす合唱コンクールの影響につ
いて、中学3年生を対象にして「生徒間の親しさ」「学級内の公平さ」
「教師に対する信頼感」の尺度を用いて、合唱コンクールの前後に調査
を行っている。その結果、男子ではどの調査項目でも有意差が見られな
かったが、女子では3つの尺度いずれにおいても有意差が確認できたと
している。特に女子においては親しさと教師への信頼感が向上しており、
合唱コンクールが教師―生徒関係の向上や集団内の関係づくりに影響
を及ぼしていることが明らかとなっている。

　そこで本章では、高橋（2018）が行った中学生のコミュニケーション
能力の変容に関する調査に基づきながら、合唱コンクールの与える影響
について考えてみたい。

2　合唱コンクールによるコミュニケーションの変容

　合唱コンクールが生徒に与える影響を調べるために、公立中学校の1
〜3年生224名（有効回答数177名）に対して、合唱コンクール終了後
の11月中旬に「合唱コンクールについての感想」と題し、コンクール
の前後で変わったと感じたことや気付いたこと、感想などを自由に記述
してもらった。

　自由記述を分析するにあたっては、記入された自由記述をデータとし
て入力した後に、

　①　内容によってカテゴリーを設定して分類

　②　そのカテゴリーの妥当性を検討

③ カテゴリーの分類の定義を修正

という手続きを経た。収集された自由記述データの平均文字数は、１年生 162.9 字、２年生 224.4 字、３年生 232.0 字であった。分類されたカテゴリーを、表 8 - 1 に示す。内容によって複数のカテゴリーにカウントしているものもある。

カテゴリーは、大きく分類すると「感情随伴なし：事実のみの記述」

表 8 - 1　自由記述から作成したカテゴリー表

カテゴリー	サブカテゴリー	定義
感情随伴なし	1：観察した事象	パートごとに練習していた。
自己評価・他者評価	2：肯定的自己評価	指揮者が「やるよー」と声をかけると、私は「しー」とみんなに言えるようになった。
	3：否定的自己評価	表情があまり意識できなくて笑顔を忘れてしまい、銀賞だったのがとても悔しかったです。
	4：肯定的他者評価	合唱練習の時に指揮者が指示を出すと、みんなが素直に従っていた。
	5：否定的他者評価	女子はこの方法で静かになったけど、男子は何をしても歌い終わったら話し合ったり遊びだしたりしていた。
満足感	6：満足感	自由曲も課題曲もしっかり歌えてよかった。
	7：不満足感	ただでさえ悪かったのに、もっと悪くなって困った。
相対的比較	8：改善への期待・提案	来年はしっかりと練習して、最優秀賞が取れるように頑張りたいです。
	9：他学年・学級への憧憬・思い	2年1組にだけ賞が偏ってしまって、2年2組にはとても申し訳ないと思いました。
教師、その他	10：教師への反応、その他	先生の今までの経験からいろいろ教えてくださって、合唱練習にも熱心に協力してくださった。

「自己評価・他者評価：自分自身や友人たちの行動やそれに対する感情などの記述」「満足感：合唱コンクールに対する満足感や不満足感についての記述」「相対的比較：他の学級や学年との比較についての記述」「教師、その他：教師への反応や思いなどに関する記述」の５つに分けられた。５つのカテゴリーの下に、さらに以下の10のサブカテゴリーが設定された。

〈サブカテゴリー〉

　　１：観察した事象

　　２：肯定的自己評価

　　３：否定的自己評価

　　４：肯定的他者評価

　　５：否定的他者評価

　　６：満足感

　　７：不満足感

　　８：改善への期待・提案

　　９：他学年・学級への憧憬・思い

　　10：教師への反応、その他

　これらの記述には、学年固有のものも含まれており、興味深い。そこで各カテゴリーの記述を学年ごとに整理し、出現度数について χ（カイ）２乗検定で比較してみた。その結果が表８‐２である。表８‐２では、有為な差が見られた項目のみ示してある。

　学年ごとの特徴を見ていこう。１年生の特徴として、「否定的他者評価」と「満足感」が有意に高いことに注目すると、コンクールをやり遂げたことで満足感を得ているが、他者との協働における苛立ち等の原因を他者へ帰属する者も多いのではないかと考えられる。１年生には次年度の合唱コンクールを意識させるような事後指導を行うことで、他者評価にとらわれず改善へ向けて奮起することを促すことができると考えら

れる。また「教師への反応、その他」に関しては有意に低く、教師との
かかわりが十分ではなかったのではないかと推察される。

　2年生の特徴として、「観察した事象」と「改善への期待・提案」が
有意に高かった。また、「満足感」が有意に低く、「不満足感」が有意に
高いことから、2年生は上級生と自分たちのクラスの練習の様子を比較
して、合唱コンクールへの自分たちの取り組みに満足していないのでは
ないかと考えられる。また、次年度が最終学年であることへの期待も高

表8-2　学年ごとの特徴

サブカテゴリー	1年	2年	3年
1：観察した事象		2.448 ＊	
2：肯定的自己評価			
3：否定的自己評価			
4：肯定的他者評価			2.399 ＊
5：否定的他者評価	1.666 ＋		
6：満足感	1.818 ＋	－ 2.050 ＊	
7：不満足感		1.941 ＋	－ 2.131 ＊
8：改善への期待・提案		1.898 ＋	－ 2.752 ＊＊
9：他学年・学級への憧憬・ 　思い			
10：教師への反応、その他	－ 1.752 ＋		

$+p<.10$　$*p<.05$　$**p<.01$

＊有意差が見られた箇所のみ表示してある。

く、改善しなければいけないとする意思が感じられる結果となっている。

　３年生の特徴は、「肯定的他者評価」が高く、「不満足感」と「改善への期待・提案」が有意に低かった。３年生は最終学年であるため、「改善への期待・提案」は見られない。級友と円滑なコミュニケーションをとれるようになり、肯定的な他者評価が増え、それが不満足感の低減につながっていることが示唆される。

　また、表8‐2には記載していないが、男女別に行った分析では、男子では２・３年生に比べて、１年生は「肯定的他者評価」が低く、「否定的他者評価」が高かった。１年生男子は、他者の取り組みに否定的であるといえよう。２年生は、「否定的他者評価」が低く、「観察した事象」と「改善への期待・提案」が有意に高かった。２年生になると級友や上級生など周りの様子を見ることができるようになり、他者に否定的な評価をしなくなると考えられる。３年生は、「肯定的他者評価」が高く「改善への期待・提案」が有意に低かった。３年生になると級友の取り組みや活躍に肯定的な視線を向けられるようになっていっている。「改善への期待・提案」を低減させているのは、最終学年であることが影響していると考えることができる。特に男子においては学年が上がるにつれて他人への評価が高くなる傾向が顕著で、学年が上がるにつれて、自己中心的な視点から他者への視点へと変容していっていることがわかる。

　「満足感」は１年生が有意に高く、「不満足感」は３年生が有意に低い。このことは、１年生は合唱コンクールに参加する喜びや満足感が他の学年に比べて高く、学年が進むにつれて満足感だけではなく、課題を達成できたことによる不満足感の減退が生じたものと考えられる。前述したように女子に比べて男子生徒は、合唱コンクールの練習を通してコミュニケーションの質・量が拡充していき、学年が上がるにつれて肯定的他者評価が高まっている。合唱コンクールは男子生徒のコミュニケーション能力を高めていると言えよう。

3 学級経営に活用するための発達への配慮

　これまで見てきた調査データは一般化できるものではないが、結果を見た現職の中学校教員の数名の方からは「納得できる」「わかるような気がする」といった声をいただいた。合唱コンクールなどの集団での活動を通して集団づくりをすること、発表会までの練習計画を立案したり、生起する課題を自分たちで解決していったりすることは、まさに他者とのかかわり合いを通じて自己の生き方を考えていくための資質や能力を陶冶する活動であると考えられる。多くの中学校で学校行事の中心的な位置付けがなされている合唱コンクールにどのように取り組むのかということは、総合的な学習の時間や特別活動の時間の学習材として好適である。単元計画を策定する際に、「ミニコンサート」を企画して自分たちの合唱を家族やあるいは校外の施設等に出かけて行って披露することなどを企画することもあるだろう。もしくは情報発信のコンテンツとして地域の人たちと連携して、いろいろな町おこしの企画に参加することも計画にあるかもしれない。そうした計画を策定するときに、上述したような学年の発達差、性差などに配慮することも必要であることを本事例では示唆している。

　総合的な学習の時間などにおける集団活動は、学級経営にとって有効であることはこれまでも述べてきたとおりである。本章で中心となっている中学校の学校現場では、合唱コンクールに思い入れのある教師は少なくない。音楽が得意であるかどうかということに関係なく、合唱を通して学級集団づくりを行いたい、学級経営をうまく進めたいと考える教師は多い。ここで考えなければならないのは学年の発達差に応じた指導であろう。

　これまで紹介してきたように学年により合唱コンクールへの取り組み

に対する生徒の思いや感覚は異なっている。特に、他者評価や満足感など学級経営に大きな影響を与える項目でその差が見られることには注意したい。ともすると担任教師は、「これまでの指導の仕方で大丈夫」と考えがちであるが、担当する学年が違えば指導の仕方は変えていかなければならないし、仮に持ち上がりの生徒たちのクラスを担任したとしても、生徒は同じ反応を示すことはおそらくないだろう。

　総合的な学習（探究）の時間を学級経営に活用するためにも、集団での活動や体験活動がこれまでよりも重要視されている。総合的な学習（探究）の時間だからこそ、集団での活動と個人の活動をどのように配置するのか、どのような目標を設定し、どのような内容に対してどういった指導を行うのかという目標や内容及び指導計画については、児童生徒の発達段階などを考慮しながら入念な準備が必要であると思われる。

【引用・参考文献】

林幸克　2014　教師教育における学校行事の在り方に関する試論 ―教職科目「特別活動と学級経営」履修学生の意識・実態に基づく検討―　岐阜大学教育学部 教師教育研究10　pp.109-118

高橋知己・金谷諭　2015　中学校の学級集団感に及ぼす合唱コンクールの影響　日本教育心理学会総会発表論文集第57集　p.354

高橋知己　2018　特別活動における指導と評価の在り方についての検討：合唱コンクールによる中学生のコミュニケーション能力の変容　上越教育大学研究紀要37（2）pp.363-370

子どもたちがのびのびと発言できる学級
―小・中学校の例―

　学級経営とは、「学習集団」と「生活集団」の両方の教育機能を十分に発揮できるように、学級担任が保護者、またスクールカウンセラーやスクールソーシャルワーカー等と連携しつつ、授業、総合的な学習の時間、道徳教育、特別活動、生徒指導、進路指導、教育相談等の様々な活動を通して子どもたちを指導・支援していくことである。

　「望ましいと考える学級集団」では、自由で温かな雰囲気でありながら、集団としての規律があり、正しい集団生活が送れていて、学級内の生活や活動に子どもたちの自治が確立している。「児童生徒主体」や「体験からの学び」を実現し、いかに「話合い活動」を指導・支援し、子ども同士が学び合い、励まし合い、高め合うプロセスを実現できるかという点に学級担任としての重要な役割があると思われる。

　そのために、自分の意見を躊躇せず発言できる学級内の雰囲気を醸成することが大切である。子どもたちが学級でのびのびと意見を発言できるように、総合的な学習の時間等を活用して、スピーチの練習に日頃から段階的に取り組んでいくことが効果的であると考える。子どもが話をするのに、あまり抵抗のないところから練習を始めて、だんだんと難易度を上げていくことが望ましい。

　以下に日本大学の渡部淳氏の「教育プレゼンテーション技法」の例をあげる。

・グループ内で一人ずつ「私は○○です。好きな食べ物は□□です」などと、自分の名前と、決められたトピックスに関することだけを話す。
・１分間スピーチとして、ゴールデンウィーク等の思い出を話す。
・「趣味」「好きな言葉」「大切にしているもの」などのテーマについて話す。
・「自分の宝物」として、大切にしているものについて話をする。
・実在の人物や、創作上の人物などになりきってスピーチする。
　ところで、実際のあなたの学校の様子は、どうだろうか。
・学級活動が教師主導になっていないか？
・「体験あって学びなし」――体験や学びがその場かぎりになっていないか？
・学級のルールが、担任教師が決めたものばかりになっていないか？

第9章

総合的な学習（探究）の時間の充実に向けて
・・・・・・・・・

　総合的な学習（探究）の時間は、児童生徒がよりよい社会を実現できるように必要な能力や資質を育成するねらいがある。その大人の社会でどのように生きていけばよいのかといった課題に直面する傾向にあるのは、特に高校生である。それに伴い、進路選択をするときに何を学んで将来どんな仕事をするのかを考える生徒や、卒業後に働き始めることを考える生徒がいる。そのため、主体的によりよい社会を実現していく態度を養うことを目的に、将来のことを考えるきっかけを与えるためには、この「総合的な探究の時間」は非常に適した学習の機会となる。中学生も同様に、自己理解を深めることが重要な青年期である。この時期に、社会貢献のやりがいに気付く、自分自身の価値を確かめて高めるといったことは、勉強すると誰かの役に立てるかもしれないといった気付きをもたらし、各教科への学習意欲や様々な活動への関心を高める効果も期待できる。そこで、本章では、豊かな実践に向けた知見となるよう、高等学校と中学校の取り組みについて例をあげる。

1　高等学校における探究的な活動

　S高等学校（以下、S高校という）は、生徒が多くの場面で主体となって活動し、活発な学校行事と部活動に励み、進学率も90％を超え

ている関東の公立高等学校である。そして、学校の特色の一つにユネスコ・スクールのメンバーとして海外修学旅行を中心とした国際理解教育に加え、ユネスコの理念に沿ったESD（持続可能な開発のための教育）に取り組んでいる。S高校の校訓は「自主自律」であり、学校教育目標は以下の3つである。

① 日本国民としての自覚に基づき、社会に貢献する精神と健全な批判力を培う

② 個性に応じた将来の進路を決定し、勤労と責任を重んずる精神を養う

③ ユネスコ・スクール加盟校の生徒として、「心の中に平和の砦」を築く力を涵養する

　これらのことを受け、S高校では「総合的な探究の時間運営委員会」や「ユネスコ・スクール委員会」等で検討し、生徒中心の授業展開に取り組むことが探究的で協働的な学習の実現に必要なことであると考えた。これらを踏まえて、総合的な探究の時間の目標に従って以下の3点を柱に据えた。

「目標」探究の見方・考え方を働かせ、自己の進路や世界と地域を見つめる総合的な学習を通して、自己の在り方生き方を考えながら、適切で論理的な課題の発見と解決ができるようにするために、以下の資質・能力を育成する。

① 自己の進路や広い視野に立った地域に関わる探究の過程において、課題の解決に必要な知識及び技能を身に付けるとともに、地域や社会の特徴や良さに気付き、それらが人々の関わりや協働によって支えられていることに気付く。

② 自己の進路や地域と自分自身との関りから問いを見出し、その解決に向けて仮説を立てたり、調査して得た情報を基に分析したりする力を身に付けるとともに、論理的にまとめ・表現する力を身に付ける。

③ 自己の進路や広い視野に立った地域に関わる探究活動に主体的・協働的に取り組むとともに、互いの良さを生かしながら、持続可能な社会を実現するために行動し、社会に貢献しようとする態度を育てる。

「探究課題」として、以下の3点を柱に据えた。
・自己の将来の職業について考え、将来像を作成する。
・グローバル人材、国際理解、および人権に関する課題を設定し、自己の在り方生き方を考える。
・外国人との交流を通して多様な価値観を学び、併せて広い視野から地域社会について学ぶ。

　これらの探究課題に沿って、進路実現、学力育成、道徳教育がどのように行われたのか、その取り組みについて述べる。

（1）探究活動で目指す進路実現

　文部科学省の教育課程企画特別部会の「論点整理」には、令和12（2030）年には、少子高齢化がさらに進行し、65歳以上の割合は総人口の3割に達する一方で、生産年齢人口は総人口の約58％にまで減少すると見込まれている。また、世界のGDPに占める日本の割合は、現在の5.8%から3.4%にまで低下するとの予測もあり、日本の国際的な存在感の低下も懸念されている。また、日本の高校生は、「自分を価値ある人間だ」という自尊心や「自分自身に満足している」という自己肯定感を持っている割合が諸外国に比べて低く、また、「自らの参加により社会現象が変えられるかもしれない」という意識が低いことなどが指摘されている。

　実社会や実生活とのかかわりを重視した総合的な探究の時間に真剣に取り組むことは、生徒一人一人の進路意識を明確にさせるものと考える。そのため、自らの関心事、自分自身の適性、身に付けた知識や技能などに応じて進路実現を果たそうとする生徒の育成が期待できる。

　そこで、生徒たちが自らの意志と責任で進路を選択することができるようにするために、個別またはグループ別に指導援助を行うことが大切になる。生徒たちが将来自立して生きていけるように自分の生き方を見

つめ、主体的に考えられるように、「教師が語る」「生徒に語らせる」「生徒たちに語り合わせる」ことが大事である。互いに自己開示をしながら語り合うことが求められている。

例えば、次のようなことが考えられる。

① 個別：進路アンケートに基づき、進路実現のための担任や進路指導部職員による個人面談を実施する。

② グループ：グローバル人材育成とキャリア教育の一環としての意味合いもかねて、現役時代に商社・メーカー等で海外勤務を経験された方たちのNPOによるパネルディスカッションの視聴後に、クラスごとにグループワーク（ワークシートに各自の気付いたことや感想を書き、それをもとにグループで話し合う）を行い、生徒が自分や他の生徒の新たな面を発見できるような取り組みを実施する。

分野や職種にかかわらず、「社会的・職業的自立に向けて必要な基盤となる能力」として中央教育審議会が再構成した基礎的・汎用的能力には、「人間関係形成・社会形成能力」「自己理解・自己管理能力」「課題対応能力」「キャリアプランニング能力」の4つがあり、これらの能力の育成を盛り込みながらキャリア教育を進めていく。人に尽くし社会に役立つことのやりがいを感じることができるような体験をすることが重要である。

生徒一人一人が自己の希望する進路に沿った就業体験を中心として、課題の解決や探究活動を展開することが考えられる。自己の希望する進路について、近隣の大学・専門学校等を訪問したり、関係施設・機関等でのインターンシップをしたりするなどして当該進路について調査し、さらに他の生徒とそれぞれの希望する進路に関して調査した内容について意見交換するなどして理解を深めていくことが考えられる。こうした学習では、様々な人とのかかわりを通じて、自己の将来や就職に対する目標が明らかになり、大きく成長していくことが期待できる。

（2）学力育成のための「学びのデザイン」

　教育現場に求められているのは、いかに「正しい内容を教え伝えるかに注力する従来型の教師像よりも、生徒と共に学び合いながら、いかに引き出し、組み合わせる」場を創り出していけるかに腐心する教師像である。生徒は尊重すべき対象であり、生徒たちに対して謙虚に様々な手立てを用意して、生徒たちを「学びに誘い出す」。授業終了時の生徒をイメージし、そこから時間配分や内容など、全体を俯瞰しデザインしていく。そこで、生徒が能動的に学ぶことができるような授業を行う学習方法として、アクティブ・ラーニングに注目したい。

　アクティブ・ラーニングとは、①生徒がする「主体的・対話的で深い学び」のこと、②教師がするアクティブラーニング型授業（アクティブ・ラーニングが起きる授業）のことである。代表的な手法の例としては、Think-Pair-Share、ジグソー法、ラウンドロビン、ピアインストラクション、ブレインストーミングなどがある。ここでは、ブレインストーミングの例で説明する。ブレインストーミングとは、複数人で自由にアイデアを出し合うことで、創造性を促進し、多くのアイデアをすばやく生み出す方法である。

　実践例としては、外部講師による「学ぶ意欲」そのものに焦点を当て、その向上を目指した「学びのデザイン」というプログラムによる対話型ワークショップの形で行った授業があげられる。各教科に共通して必要とされる学ぶ意欲の向上について、このプログラムの実施がすべての教科にとって有効であるという意味で、教科横断的な視点を持って取り組んだ例である。形式としては、講師とホームルーム担任によるＴＴ（チームティーチング）によるグループ別の対話型ワークショップとして行った。

　授業の基本構成として次の３つから成り立つ。

1）導入：何のために話し合うのか明確に伝え、授業への関心意欲を高

める。

　導入では、本時の学びのねらいと、そのための活動として話合いが重視されるため、何のために行うのかを生徒に明確に説明する。そして、話合いの前に、アイスブレイクを行う。アイスブレイクとは、初対面の人同士が出会うときなどに、その緊張をときほぐすために行う手法のことである。アイスブレイクで期待できる効果は、

① 生徒が安心して発言できる肯定的な雰囲気をつくる

② 他者の意見や価値観を受け入れられる雰囲気をつくる

③ 共に学び合う者として協力的な雰囲気をつくる

④ 学習の動機付けを行い、学習への期待・意欲を高める

などが考えられる。

　アクティブ・ラーニングが苦手な生徒へのサポートにも配慮する。中には、会話が苦手で発言できない生徒がいる。席をグループから離す、補足資料を渡すなどの配慮で、その生徒が参加しやすい環境をつくる。「協力できていますか？」「困っている人を支えていますか？」などと、周りの生徒からのサポートを促がしたり、環境面を整えたりする。

２）展開：生徒が、自ら主体的に学級の他の生徒たちと共に学習活動に参加し、協力的に活動することを体験させる。

　参加者にとって、ブレインストーミングは、多様な見方があることに気付かされ、自分の意識を変えるきっかけとなる。あるいは、自分の情報不足に気付くことで「もっと知りたい、知らなければいけない」という学習の動機付けにもつながっていく。対話型のワークショップなので、グループワークが円滑に進むための４つのルール（表９‐１）を最初に確認する。この取り組みでは、授業場面を安心できて安定している対話の場とするために、対話を保障するルールを設定する。

　活動中に生徒に何か聞かれたら、質問で返す。安易に答えを教えず、質問して生徒にもう一度考えさせることで、生徒が自分で答えにたどり

表9-1　対話を保障するルール

①「**質より量**」：思いついたものを何でもよいのでグループに数多く提供すること。よく考えて良いと思うものを提供するのではなく、数多く提供することが最も重要であり、最大の目的である。
②「**批判ＮＧ**」：他者の考えに対して、それとは違う自分の考えを言いたくなることがあるが、これは批判とか議論となるのでしないようにする。
③「**ひそひそ話ＮＧ**」：ひそひそ話をされると周りの人はそれが気になってしまうのでそれはしない。これはグループ内の分裂を防ぎ、グループを全体として機能させるためのルールである。
④「**相づちをする**」：聞いている人は、「うんうん」「そうなんだ」「それで」などの相づちを打つようにする。これは各自が自分の考えを言いやすい雰囲気をつくる意味があり、量を提供するということに大きく貢献することにつながる。

（アラン・バーカー（2003）をもとに筆者作成）

つく。質問で会話を終わらせ、解説はしないでサッと立ち去るのがポイントである。

　また、「雑談の時間」にならないように工夫する。アクティブな学びを促がす質問として、「どうすればいいと思いますか？」「あと○○分ですが、順調ですか？」「○○さんは、どう思いますか？」等があり、実際に質問してみて、効果を見ながら適切な言い方を考えて調節していく。

3）終末：振り返りカードに成果を書き出すことで、理解を深める。

　振り返りの作業が、学習の質を向上させる。生徒が鏡を見るようにして自分の内面に目を向け、自分自身の考えや学習、成長、実践に気付くように導く。その際、以下のことを確認させる。

① 　態度の確認（「しゃべる、質問する、説明する、グループで協力する、グループに貢献する」に沿って活動できたか？　それについて気付いたこと、今後実践しようと思ったことは何か？）

② 　内容の確認（わかったこと、わからなかったことは何か？　もっと

知りたいことはあるか)

③ その他のこと、気づいたこと（授業改善のためのアイデア、先生へ
　のリクエストなど）

　この振り返りカードは、生徒自身が自分の良い点や進歩の状況などに
気付き、自らの可能性や成長が実感できるよう積極的に評価し、学習の
記録や作品などを計画的に集積したポートフォリオの資料として活用す
る。

（3）道徳教育

　学校教育の目的は「人格形成」であり、道徳教育における視点として、
自分自身、人とのかかわり、集団や社会とのかかわり、生命や自然、崇
高なものとのかかわりの４点が考えられる。

　大人でもなかなか難しい道徳的な問題を取り上げ、生徒たちと教師が
「本気で」問題解決を探究する授業に取り組むことで、自己の生き方を
考えることができるようにしたい。その一つの方法として道徳授業おい
て、構成的グループエンカウンターを行うと、生徒たちが楽しく意欲的
に、生き生きと授業にのってくるようになる。また、道徳的価値の大切
さを、観念でなく体験的に実感できるなどの効果が考えられる。実践例
としては、台湾で烏山頭ダムを建設し、台湾の人々から今も慕われ続け
る八田與一を題材としてグループワークを行った授業があげられる。こ
の授業は、次のような手順で行われた。まず一人で八田與一について最
も印象に残ったことをそれぞれ選ぶ。次にグループ内で討議し，グルー
プとして最も紹介したいことを１つ選ぶ。そして、それぞれグループご
とに発表を行い、クラス全体で話し合う。

　自分事として課題を深く考える道徳学習の展開の仕方に、次の４段階
が参考になる。

① まず自分一人で考える（ワークシートに書く）。

②　次にグループで話し合う（「聴き合い」活動）。

　構成的グループエンカウンターの手法を取り入れて、生徒の発言に対して以下のような質問、確認、感想の仕方が効果的であると思われる。

　ⅰ）質問の例：「～についてもう少しくわしく話してください」「～というのは、例えばどういうことですか」「～についてはどう思いますか」「～と考えているのは、どうしてですか」

　ⅱ）確認の例：「Aさんは、～と思っているわけですね」「Bさんの言いたいことは、～ということですか」

　ⅲ）感想の例：「Cさんの～というところがいいと思いました」「Dさんが～と言ったことに、なるほどと思いました」

③　最後にクラス全体で話し合う（分かち合い）。

　グループの発表は全員に役割を持たせて、全員が発表にかかわるようにする。

④　再度、自分一人で考える（ワークシートに書く）。

　振り返りシートへの記入による自分との対話が、体験とその内省的な振り返りを言語化させ、それを他者と分かち合うことで意味が見いだされていくと考える。他者の考えや議論に触れることにより、一面的な見方から多面的・多角的な見方へと発展していくことが期待され、その経験が生徒の生きる上での何らかの役に立っていくものと考える。

2　中学校におけるキャリア教育としての職場体験

　一人一人の社会的・職業的自立に向けて、必要な基盤となる能力や態度を育てることを通してキャリア発達（人が、生涯の中で様々な役割を果たす過程で、自らの役割の価値や自分と役割との関係を見いだしていく連なりや積み重ね）を促すキャリア教育は、幼児期から高等教育まで

発達段階に応じて体系的に実施することが求められている。そして、様々な教育活動を通して、基礎的・汎用的能力（人間関係形成・社会形成能力、自己理解・自己管理能力、課題対応能力、キャリアプランニング能力）を中心に育成しつつ、実践的な職業教育の充実も目指されている。そこで、ここでは、総合的な学習の時間に行われたIoT社会に向けた職業観・勤労観の醸成と、キャリアプランニング能力の育成に焦点化した大学と教育委員会が連携で行った大学研究室訪問による職場体験（東京情報大学・千葉市教育委員会，2020）を紹介する。

　職場体験は、生徒が直接働く人と接し、知識や技術・技能に触れることで、学ぶこと・働くことの意義を理解し、生きることの尊さを実感することができ、主体的に進路を選択決定する態度や意志、意欲などを培う教育活動である。現在、各学校で職場体験を教育課程に位置付け、校内体制の整備、校外との連携協力を進め確立されている。

　一方、職場体験先の偏りや活動の形骸化、生徒の実態に即した創造性ある実践、勤労観の育成を基盤とした職場体験活動の意義や、生きていくことと働くことの関連や意味について深く考えさせる事前事後指導の必要性、超スマート社会に向けた職業観・勤労観の醸成、キャリアプランニング能力の育成が課題とされている（東京情報大学・千葉市教育委員会，2020）。今後の実施においては、超高齢社会を迎え、IoTやAI（人工知能）が活用される第4次産業時代の中で働き方が大きく変化すること、そして、時代の変化を理解した職業の創造と選択、職業観・勤労観、キャリア発達の形成など、一人一人の社会的・職業的自立に向け、必要な基盤となる能力や態度を育てるキャリア発達を促すキャリア教育（中央教育審議会，2009）が重要になってくる。中でも「キャリアプランニング能力」（表9-2）（文部科学省，2011）については、一層注力した取り組みが求められる。

表9-2　キャリアプランニング能力の5つの項目

① 学ぶことや働くことの意義について考え、役割を理解している。
【意義と理解】

② 様々な職種の人が協力して仕事が成り立っていることを知っている。
【多様性の理解】

③ 将来に向けて、今学校で学んでいることを自分の将来とつなげて考えている。
【将来設計】

④ 自分の将来について、具体的な目標をたてて、その実現のために情報を得たり、調べたりといった方法をしている。
【選択】

⑤ 自分の将来の目標に向かって努力し、生活や勉強の課題を工夫する態度を身に付けている。
【行動・改善】

（東京情報大学・千葉市教育委員会（2020）より筆者作成。文部科学省（2011）の「基礎的・汎用的能力キャリアプランニング能力」の3項目を意味文脈で区切り、5項目にした。）

（1）大学研究室訪問による職場体験

　この職場体験は、大学教員の仕事を通して職業を知る職業教育でもある。大学教員の仕事を知ることはもちろんであるが、キャリアプランニング能力の育成の視点から、活動のねらいとポイントは表9-3のとおりとされた。

　活動にあたっては、実施する中学校と大学、教育委員会がキャリアプランニング能力の育成の意義を共有し、活動実施前に職場体験における挨拶やマナーを学ぶソーシャルスキル教育（p.126 コラム参照）が行われた。そして、実施者である大学教員は、大学教員の仕事を通して様々な仕事と人とのつながりやIoT社会における職業の在り方と創造を柱とした職場体験の活動の意義を共有して実施した。3日間の職場体験はガイダンス、研究室訪問と一日の振り返り（リフレクション）で構成されている（表9-4）。

表9-3　大学研究室訪問による職場体験のねらいと活動のポイント

ねらい	・大学教員の仕事を知る。 ・IoT や AI（人工知能）が活用される第4次産業時代について理解する。 ・様々に協働することで仕事が成り立っていることを知る。 ・課題解決のため、情報を収集・処理・分析することができるようになる。 ・お互いに意見を出し合い、他者の意見を受けながら協働性を発揮して課題を解決する態度を養う。 ・課題や自分自身の課題を見つけ、よりよく問題解決する資質や能力を育成する。
活動の ポイント	大学教員の仕事を通して様々な職業や仕事を知り、その職業の課題と新たな可能性を IoT 社会に向けて創造する。体験活動の学びにおける目標設定をしてから IoT 社会を理解し、そして体験活動を行う。これにより生徒が、課題を自分のこととしてとらえて自分の生活を見直し、将来の生き方や自己実現に向けた学びや進路選択の意義を考えることにつなげる。そして話合いや体験等を通して、キャリアや勤労観・職業観等について考察することで、将来の社会的・職業的自立に向けた意欲や態度の育成につながるキャリアプランニング能力を身に付けることも目指す。

表9-4　職場体験における内容

	1限	2限	3限	4限
1 日 目	オリエンテーション	プログラミングを仕事にする人たち	AI エンジニアの仕事と可能性	振り返り
2 日 目	Society5.0 を変える新たな職業	映像の仕事と支える人たち	アニメーションの世界と支える人たち	振り返り
3 日 目	マーケティングの知識と新商品開発	未来の医療と看護士の役割①	未来の医療と看護士の役割②	振り返り

（総合情報学部の7つの研究室の協力を得て実施。研究室訪問は1限90分）

（2）キャリアプランニング能力の育成に向けた実践の工夫

　実践における工夫は、以下の３つである。

　１つ目は、キャリアプランニング能力の育成の意義とそれを踏まえた職場体験における学びの目標設定を明確にし、モチベーションを高めるオリエンテーションである。AIやロボットの力を借りて、私たちがより快適に活力に満ちた生活を送ることができる社会で、これまでの現実世界に加えて、仮想空間との融合で豊かな社会を実現していこうとしているSociety5.0で実現する超スマート社会を、丁寧に身近な具体例で紹介する。そして、超スマート社会になっていく中で、なくなる職業・新たな職業があることを知ると同時に、テレワークなど職業観・勤労観の変化に対応するキャリアプランニングの力を身に付ける意義を理解させる。キャリア・プランニングの構成項目（表９-２）を確認し、職場体験活動における目標設定（課題設定）をする。これにより、モチベーションを維持しながら、仲間と共に体験活動をすることができる。また、その職業になることを目標としなくても、１つの職業を通して職業観・勤労観を育むことができる。

　２つ目は、一日の活動での学びの気付きを共有する振り返り（情報収集、整理・分析）である。生徒によっては、理解が難しい場合や気付きを丁寧に振り返ることができないこともある。教師が説明を補足したり、職業の多様化や勤労の在り方についての新たな気付きや感想などを互いに話し合うことで、自分の学びを整理したり、仲間の発言により視野が広がるようにすることが大切である。

　３つ目は、目標達成度を確認して職場体験活動での気付きを今後にどう生かすかを考察する振り返りである。キャリア・プランニングの５つの項目を中心に理解度・達成度を確認し、同時に自ら設定した目標の到達度を確認して職場体験を総括し、仲間と共にワークシート（図９-１）を使って振り返る（まとめ・表現）。そして、学校生活や学習でできる

【職場体験】
リフレクション

令和●年●月●日

氏　名　＿＿＿＿＿＿＿＿＿＿＿＿＿

〜研究室訪問〜　　未来を「想像」して、新しい未来を「創造」する

〜研究室訪問　振り返りシート〜

1　研究室訪問がおわりました。最初に、この3日間の体験について、スケジュール表を見ながら、振り返りをしましょう。

2　最初にたてた目標は、どのくらい達成することができましたか。3日間を振り返りながら考えてみましょう。

目標1
＿＿＿＿＿＿＿＿＿＿＿＿＿＿＿＿＿＿＿＿＿＿＿＿＿＿＿＿＿＿＿＿＿＿＿＿＿＿＿

目標2
＿＿＿＿＿＿＿＿＿＿＿＿＿＿＿＿＿＿＿＿＿＿＿＿＿＿＿＿＿＿＿＿＿＿＿＿＿＿＿

目標3
＿＿＿＿＿＿＿＿＿＿＿＿＿＿＿＿＿＿＿＿＿＿＿＿＿＿＿＿＿＿＿＿＿＿＿＿＿＿＿

3日間の職場体験は、キミにとってどんな時間になったかな？
なかまと一緒に、たくさんの経験をして、お互いに意見や感想をいっぱい伝え合ったよね！
この職場体験が「キミの将来」のために、これからの生活や勉強にどんどんいかせるといいな！！
そして、参加したなかまと一緒に充実した時間にしようね！！

図9-1　ワーク

つぎに、もう一度、自分自身について振り返ってみよう。
今の自分の様子がどの程度、あてはまるかな？　あてはまる番号に○をつけてね。
5：いつもしている　4：ときどきしている　3：どちらともいえない　2：あまりしていない　1：ほとんどしていない

1　学ぶことや働くことの意義について考え、役割を理解している。

　　　　5　－　　4　－　　3　－　　2　－　　1

2　様々な職種の人が協力して仕事が成り立っていることを知っている。

　　　　5　－　　4　－　　3　－　　2　－　　1

3　将来に向けて、今、学校で学んでいることを自分の将来とつなげて考えている。

　　　　5　－　　4　－　　3　－　　2　－　　1

4　自分の将来について、具体的な目標をたてて、その実現のために情報を得たり、調べたりといった方法をしている。

　　　　5　－　　4　－　　3　－　　2　－　　1

5　自分の将来の目標に向かって努力し、生活や勉強の課題を工夫する態度を身につけている。

　　　　5　－　　4　－　　3　－　　2　－　　1

〈キャリア・プランニング〉自分の「将来」のためにこれから具体的にできることを計画してみましょう。

1＿＿＿＿＿＿＿＿＿＿＿＿＿＿＿＿＿＿＿＿＿＿＿

2＿＿＿＿＿＿＿＿＿＿＿＿＿＿＿＿＿＿＿＿＿＿＿

3＿＿＿＿＿＿＿＿＿＿＿＿＿＿＿＿＿＿＿＿＿＿＿

シート　　　　　　　　　　　　　　　　　　　イラスト Ⓒ iwatate

ことや工夫できることを考え、学んだことを生かせるよう具体的な計画
を立てさせ、自分の将来に向けて意欲・関心を引き出すのである。

　授業後、スマートフォンやICTの活用により職業の多様化や勤労の
在り方に新たな気付きを得た生徒たちは、キャリア・プランニングの意
義、学校の勉強や仲間と過ごす時間の大切さを認識するとともに、「前
向きに様々なことへ挑戦したい」「自分がなりたい職業のためにできる
ことを今から頑張りたい」「世の中の変化に柔軟に対応できる力をつけ
たい」と感想を述べていた。

　このように、中学生はキャリアに関連した選択肢を検討する能力があ
り、考える力がある。そのため、キャリアプランニング能力を中学生で
育成するのは非常に意義がある。高校・大学でキャリアプランニング能
力の育成をする傾向にあるが、自分の将来に関心を持っているにもかか
わらず、キャリア・プランニングの過程で多くの課題に対する支援がな
されていない現状がある。キャリア形成の準備や情報の欠如、信頼でき
る情報の不足、判断力の未熟さ、自信やコミュニケーションスキルの欠
如、外的・内的な葛藤といったキャリアの意思決定プロセスで遭遇する
課題が生じやすいこの時期に、それらを乗り越えていくためにキャリア
プランニング能力を中学生の段階から育成することはとても意義があ
る。

　だからこそ、キャリアプランニング能力を育成する意義を教員が理解
し、超スマート社会の時代に生きる生徒のために、生徒自身が主体的に
考え、視野を広げてキャリア発達ができるよう、活動の工夫が求められ
る。

【引用文献】

アラン・バーカー　氷上春奈 訳　2003　ブレーンストーミング―最高のアイディアを捻出するための発想法―（30分で差がつくシリーズ）　トランスワールドジャパン（Alan Barker　1997　*30 Minutes to Brainstorm Great Ideas (30 Minute Series)*　Kogan Page

中央教育審議会　2009　今後の学校におけるキャリア教育・職業教育の在り方について（答申）

文部科学省　2011　キャリア教育の手引き　教育出版

東京情報大学・千葉市教育委員会　2020　キャリアプランニング能力に焦点化した中学生の職場体験学習のプログラム開発～教育委員会と大学で連携したキャリア教育・職業教育～　令和元年度東京情報大学総合情報研究所プロジェクト研究　研究成果報告

コラム　ソーシャルスキルトレーニングを活用した探究活動

　総合的な学習（探究）の時間では、主体的・対話的で深い学びに向けて、コミュニケーションが非常に重要になってくる。探究的な活動においても主体的・協働的に取り組むために、また積極的に社会に参画するためにも重要なスキルになる。そのため、コミュニケーションの育成としてソーシャルスキル教育が重要になる。すでに多くの小・中・高でコミュニケーション能力を育むためにソーシャルスキルトレーニング（SST）が行われている。SSTでは、対人関係を開始し円滑に維持していく「何か」をソーシャルスキルという概念で押さえ、相手も自分も嫌な気持ちにならないように考えや思いを伝え合うことができるようになることが目指されている。そこで、ここではSSTを活用した高校の探究学習の実践例を紹介する。

　高校1年生を対象に、職業の選択と社会貢献及び自己実現をするために、6回の授業が設定された。1回目は「コミュニケーションはなぜ大事なのか」「コミュニケーションとは何だろう」といったブレインストーミングを行ってソーシャルスキルを身に付ける意義を確認した後、SSTを行うにあたりコミュニケーションを身に付ける上での各自の探究課題の設定を行った。2〜6回は「話す」「聴く」「感情に気付く」「感情の統制」「あたたかい言葉かけ（感謝）」のスキルを学ぶSSTが行われた。6回目ではこれまでの学びを振り返り、自身が設定した探究課題とともに「コミュニケーションはなぜ大事なのか」「コミュニケーションとは何だろう」をまとめ、学んだことを学校生活やキャリア形成にどのように生かすかを発表し合った。

　実施における配慮として、生徒は、知識不足、身の回りに興味がないことから課題設定に困難・苦手な場合があるので、課題の設定段階で教師が支援し、多面的な視野で世界を広げ、様々なことに興味・関心を持つように働きかけることが重要になってくる。

　コミュニケーションは「友だち関係を維持する」「困ったことがあったときにお互いに助け合える」「学校生活をより充実させる」といったことのためにとても大事で、「自分を成長させてくれる」「人と人のつながりのために必要」「人々が幸せに生きていくために欠かせないもの」だからこそ、未熟な部分や課題については日頃から取り組みたいと、生徒個々人が自分のこととしてしっかりと向き合う感想が多く寄せられた。

付記：本実践はJSPS科研費JP18K03075の助成を受けた。

おわりに

　将来の変化を予測することが困難な状況の中、現在と未来に向けて、自らの人生を拓き、自らの生涯を生き抜く力を培うことを目指して改訂された学習指導要領。小学校の全面実施及び中学・高校の先行実施が進められていたその最中の令和元（2019）年に、突如として新型コロナウイルス感染症（COVID-19）が発生し、私たちはこれまでに経験したことがない事態を経験することとなった。私たちの日常生活は劇的な変化を余儀なくされ、働き方、生き方、そして学校教育が大きく変化し、本書を執筆している今も、難局に立ち向かっている最中にある。そんな未曽有の災禍の中、大人も子どもも課題解決に取り組む、日常を再考して工夫して見つめ直すといったことをそれぞれの立場で求められ、ポストコロナ社会を見据えて行動する必要性もみえてきた。

　教育現場では、コロナの影響により児童生徒の学習活動、学校行事、部活動の制限がいまだ続いている。しかし、この大変な状況をただ嘆いているだけではない。学校では先生方が探究心を持って学習する、挑戦するチャンスとして、自らの身近なことに対して疑問や興味・関心を持って課題を作り、生徒自身（たち）で課題解決をさせる学びの取り組みを積極的に導入している。

　例えば，新型コロナウイルス感染症の影響でイベントや祭礼等が中止になる町の変化と少なくなった人とのかかわりに対する改善（小学校）、新型コロナウイルス感染症に関する差別・偏見の防止（中学校）、地域経済に与える影響の可視化や将来の職業（高校）など、ポストコロナ社会を見据えた内容として教科内で学んだ知識を日常生活と結び付け、ICT を活用した課題解決学習を個人及び集団で積極的に行っている様子

が多く報告されるようになっている。同時に、児童生徒自ら、自分たちの学校生活が安全安心であるよう感染予防に取り組んだり、部活動におけるオンライン活動、距離感を図った活動を模索したりするなど、仲間と共に with コロナの学校生活の工夫を行い、新たな学校生活の様式をも創り上げ始めている。

　このように、この難局を乗り越えるべく、発達段階に応じた各学校での工夫された児童生徒の学習への取り組みや課題に向き合う中で生まれた新しい形の活動形態は、まさに探究から派生したものといえる。

　このように、今日ほど、「自ら課題を見付け、自ら学び、自ら考え、主体的に判断し、よりよく問題を解決する資質や能力を育成する」ということがぴったりと当てはまり、重要だと実感することはない。

　本書は、学習指導要領に依拠しながら総合的な学習（探究）の時間の「意義と原理」「指導計画の作成」「指導と評価」の基礎基本に加えて、実践事例を豊富に取り入れている。教員養成課程で学ぶ学生や現職教員の皆様に、総合的な学習（探究）の時間の意義の理解と可能性を考える機会としていただけることを願っている。同時に、アフターコロナ社会の新時代を生きる児童生徒たちに必要な課題解決能力と主体的な学びを身に付けさせ、将来を意識しながら自律的な学習をさせるためには、教師自身もまた学びが必要になってくるであろう。

　本書を手に取っていただいた方すべての皆様の一助となることを著者一同願っている。

　令和3年4月

東京情報大学　原田恵理子
著者一同

資　料

小学校学習指導要領比較対照表
　　　　【総合的な学習の時間】
中学校学習指導要領比較対照表
　　　　【総合的な学習の時間】
高等学校学習指導要領比較対照表
　　　　【総合的な探究（学習）の時間】

小学校学習指導要領比較対照表【総合的な学習の時間】

現行（平成29年告示）	旧（平成20年告示・道徳改訂反映後）
第5章　総合的な学習の時間	**第5章　総合的な学習の時間**
第1　目標 　探究的な見方・考え方を働かせ、横断的・総合的な学習を行うことを通して、よりよく課題を解決し、自己の生き方を考えていくための資質・能力を次のとおり育成することを目指す。 　(1) 探究的な学習の過程において、課題の解決に必要な知識及び技能を身に付け、課題に関わる概念を形成し、探究的な学習のよさを理解するようにする。 　(2) 実社会や実生活の中から問いを見いだし、自分で課題を立て、情報を集め、整理・分析して、まとめ・表現することができるようにする。 　(3) 探究的な学習に主体的・協働的に取り組むとともに、互いのよさを生かしながら、積極的に社会に参画しようとする態度を養う。	第1　目標 　横断的・総合的な学習や探究的な学習を通して、自ら課題を見付け、自ら学び、自ら考え、主体的に判断し、よりよく問題を解決する資質や能力を育成するとともに、学び方やものの考え方を身に付け、問題の解決や探究活動に主体的、創造的、協同的に取り組む態度を育て、自己の生き方を考えることができるようにする。
第2　各学校において定める目標及び内容 　1　目標 　　各学校においては、第1の目標を踏まえ、各学校の総合的な学習の時間の目標を定める。	第2　各学校において定める目標及び内容 　1　目標 　　各学校においては、第1の目標を踏まえ、各学校の総合的な学習の時間の目標を定める。
2　内容 　　各学校においては、第1の目標を踏まえ、各学校の総合的な学習の時間の内容を定める。	2　内容 　　各学校においては、第1の目標を踏まえ、各学校の総合的な学習の時間の内容を定める。
3　各学校において定める目標及び内容の取扱い 　　各学校において定める目標及び内容の設定に当たっては、次の事項に配慮するものとする。	（新設）

現行（平成29年告示）	旧（平成20年告示・道徳改訂反映後）
(1) 各学校において定める目標については、各学校における教育目標を踏まえ、総合的な学習の時間を通して育成を目指す資質・能力を示すこと。	（新設）
(2) 各学校において定める目標及び内容については、他教科等の目標及び内容との違いに留意しつつ、他教科等で育成を目指す資質・能力との関連を重視すること。	（新設）
(3) 各学校において定める目標及び内容については、日常生活や社会との関わりを重視すること。	【第3　指導計画の作成と内容の取扱い　1 (3) より移行】 (3) 第2の各学校において定める目標及び内容については、日常生活や社会とのかかわりを重視すること。
(4) 各学校において定める内容については、目標を実現するにふさわしい探究課題、探究課題の解決を通して育成を目指す具体的な資質・能力を示すこと。	（新設）
(5) 目標を実現するにふさわしい探究課題については、学校の実態に応じて、例えば、国際理解、情報、環境、福祉・健康などの現代的な諸課題に対応する横断的・総合的な課題、地域の人々の暮らし、伝統と文化など地域や学校の特色に応じた課題、児童の興味・関心に基づく課題などを踏まえて設定すること。	【第3　指導計画の作成と内容の取扱い　1 (5) より移行】 (5) 学習活動については、学校の実態に応じて、例えば国際理解、情報、環境、福祉・健康などの横断的・総合的な課題についての学習活動、児童の興味・関心に基づく課題についての学習活動、地域の人々の暮らし、伝統と文化など地域や学校の特色に応じた課題についての学習活動などを行うこと。
(6) 探究課題の解決を通して育成を目指す具体的な資質・能力については、次の事項に配慮すること。 　ア　知識及び技能については、他教科等及び総合的な学習の時間で習得する知識及び技能が相互に関連付けられ、社会の中で生きて働くものとして形成されるようにすること。 　イ　思考力、判断力、表現力等については、課題の設定、情報の収集、整理・分析、まとめ・表現などの探究的な学習の過程において発揮され、未知の状況において活用できるものとして身に付けられるようにすること。	（新設）

現行（平成29年告示）	旧（平成20年告示・道徳改訂反映後）
ウ　学びに向かう力、人間性等については、自分自身に関すること及び他者や社会との関わりに関することの両方の視点を踏まえること。	【第3　指導計画の作成と内容の取扱い　1　(4)　より移行】 (4)　育てようとする資質や能力及び態度については、例えば、学習方法に関すること、自分自身に関すること、他者や社会とのかかわりに関することなどの視点を踏まえること。
(7)　目標を実現するにふさわしい探究課題及び探究課題の解決を通して育成を目指す具体的な資質・能力については、教科等を越えた全ての学習の基盤となる資質・能力が育まれ、活用されるものとなるよう配慮すること。	（新設）
第3　指導計画の作成と内容の取扱い 1　指導計画の作成に当たっては、次の事項に配慮するものとする。 (1)　年間や、単元など内容や時間のまとまりを見通して、その中で育む資質・能力の育成に向けて、児童の主体的・対話的で深い学びの実現を図るようにすること。その際、児童や学校、地域の実態等に応じて、児童が探究的な見方・考え方を働かせ、教科等の枠を超えた横断的・総合的な学習や児童の興味・関心等に基づく学習を行うなど創意工夫を生かした教育活動の充実を図ること。 (2)　全体計画及び年間指導計画の作成に当たっては、学校における全教育活動との関連の下に、目標及び内容、学習活動、指導方法や指導体制、学習の評価の計画などを示すこと。 (3)　他教科等及び総合的な学習の時間で身に付けた資質・能力を相互に関連付け、学習や生活において生かし、それらが総合的に働くようにすること。その際、言語能力、情報活用能力など全ての学習の基盤となる資質・能力を重視すること。 (4)　他教科等の目標及び内容との違いに	第3　指導計画の作成と内容の取扱い 1　指導計画の作成に当たっては、次の事項に配慮するものとする。 (2)　地域や学校、児童の実態等に応じて、教科等の枠を超えた横断的・総合的な学習、探究的な学習、児童の興味・関心等に基づく学習など創意工夫を生かした教育活動を行うこと。 (1)　全体計画及び年間指導計画の作成に当たっては、学校における全教育活動との関連の下に、目標及び内容、育てようとする資質や能力及び態度、学習活動、指導方法や指導体制、学習の評価の計画などを示すこと。 (6)　各教科、道徳科、外国語活動及び特別活動で身に付けた知識や技能等を相互に関連付け、学習や生活において生かし、それらが総合的に働くようにすること。 (7)　各教科、道徳科、外国語活動及び特

現行（平成29年告示）	旧（平成20年告示・道徳改訂反映後）
留意しつつ、第1の目標並びに第2の各学校において定める目標及び内容を踏まえた適切な学習活動を行うこと。	別活動の目標及び内容との違いに留意しつつ、第1の目標並びに第2の各学校において定める目標及び内容を踏まえた適切な学習活動を行うこと。
(5)　各学校における総合的な学習の時間の名称については、各学校において適切に定めること。	(8)　各学校における総合的な学習の時間の名称については、各学校において適切に定めること。
(6)　障害のある児童などについては、学習活動を行う場合に生じる困難さに応じた指導内容や指導方法の工夫を計画的、組織的に行うこと。	（新設）
(7)　第1章総則の第1の2の(2)に示す道徳教育の目標に基づき、道徳科などとの関連を考慮しながら、第3章特別の教科道徳の第2に示す内容について、総合的な学習の時間の特質に応じて適切な指導をすること。	(9)　第1章総則の第1の2に示す道徳教育の目標に基づき、道徳科などとの関連を考慮しながら、第3章特別の教科道徳の第2に示す内容について、総合的な学習の時間の特質に応じて適切な指導をすること。
2　第2の内容の取扱いについては、次の事項に配慮するものとする。	2　第2の内容の取扱いについては、次の事項に配慮するものとする。
(1)　第2の各学校において定める目標及び内容に基づき、児童の学習状況に応じて教師が適切な指導を行うこと。	(1)　第2の各学校において定める目標及び内容に基づき、児童の学習状況に応じて教師が適切な指導を行うこと。
(2)　探究的な学習の過程においては、他者と協働して課題を解決しようとする学習活動や、言語により分析し、まとめたり表現したりするなどの学習活動が行われるようにすること。その際、例えば、比較する、分類する、関連付けるなどの考えるための技法が活用されるようにすること。	(2)　問題の解決や探究活動の過程においては、他者と協同して問題を解決しようとする学習活動や、言語により分析し、まとめたり表現したりするなどの学習活動が行われるようにすること。
(3)　探究的な学習の過程においては、コンピュータや情報通信ネットワークなどを適切かつ効果的に活用して、情報を収集・整理・発信するなどの学習活動が行われるよう工夫すること。その際、コンピュータで文字を入力するなどの学習の基盤として必要となる情報手段の基本的な操作を習得し、情報や情報手段を主体的に選択し活用できるよう配慮すること。	（新設）

現行（平成29年告示）	旧（平成20年告示・道徳改訂反映後）
(4) 自然体験やボランティア活動などの社会体験、ものづくり、生産活動などの体験活動、観察・実験、見学や調査、発表や討論などの学習活動を積極的に取り入れること。	(3) 自然体験やボランティア活動などの社会体験、ものづくり、生産活動などの体験活動、観察・実験、見学や調査、発表や討論などの学習活動を積極的に取り入れること。
(5) 体験活動については、第1の目標並びに第2の各学校において定める目標及び内容を踏まえ、探究的な学習の過程に適切に位置付けること。	(4) 体験活動については、第1の目標並びに第2の各学校において定める目標及び内容を踏まえ、問題の解決や探究活動の過程に適切に位置付けること。
(6) グループ学習や異年齢集団による学習などの多様な学習形態、地域の人々の協力も得つつ、全教師が一体となって指導に当たるなどの指導体制について工夫を行うこと。	(5) グループ学習や異年齢集団による学習などの多様な学習形態、地域の人々の協力も得つつ全教師が一体となって指導に当たるなどの指導体制について工夫を行うこと。
(7) 学校図書館の活用、他の学校との連携、公民館、図書館、博物館等の社会教育施設や社会教育関係団体等の各種団体との連携、地域の教材や学習環境の積極的な活用などの工夫を行うこと。	(6) 学校図書館の活用、他の学校との連携、公民館、図書館、博物館等の社会教育施設や社会教育関係団体等の各種団体との連携、地域の教材や学習環境の積極的な活用などの工夫を行うこと。
(8) 国際理解に関する学習を行う際には、探究的な学習に取り組むことを通して、諸外国の生活や文化などを体験したり調査したりするなどの学習活動が行われるようにすること。	(7) 国際理解に関する学習を行う際には、問題の解決や探究活動に取り組むことを通して、諸外国の生活や文化などを体験したり調査したりするなどの学習活動が行われるようにすること。
(9) 情報に関する学習を行う際には、探究的な学習に取り組むことを通して、情報を収集・整理・発信したり、情報が日常生活や社会に与える影響を考えたりするなどの学習活動が行われるようにすること。第1章総則の第3の1の（3）のイに掲げるプログラミングを体験しながら論理的思考力を身に付けるための学習活動を行う場合には、プログラミングを体験することが、探究的な学習の過程に適切に位置付くようにすること。	(8) 情報に関する学習を行う際には、問題の解決や探究活動に取り組むことを通して、情報を収集・整理・発信したり、情報が日常生活や社会に与える影響を考えたりするなどの学習活動が行われるようにすること。

中学校学習指導要領比較対照表【総合的な学習の時間】

現行（平成29年告示）	旧（平成20年告示・道徳改訂反映後）
第4章　総合的な学習の時間 第1　目標 　探究的な見方・考え方を働かせ、横断的・総合的な学習を行うことを通して、よりよく課題を解決し、自己の生き方を考えていくための資質・能力を次のとおり育成することを目指す。 　(1) 探究的な学習の過程において、課題の解決に必要な知識及び技能を身に付け、課題に関わる概念を形成し、探究的な学習のよさを理解するようにする。 　(2) 実社会や実生活の中から問いを見いだし、自分で課題を立て、情報を集め、整理・分析して、まとめ・表現することができるようにする。 　(3) 探究的な学習に主体的・協働的に取り組むとともに、互いのよさを生かしながら、積極的に社会に参画しようとする態度を養う。	**第4章　総合的な学習の時間** 第1　目標 　横断的・総合的な学習や探究的な学習を通して、自ら課題を見付け、自ら学び、自ら考え、主体的に判断し、よりよく問題を解決する資質や能力を育成するとともに、学び方やものの考え方を身に付け、問題の解決や探究活動に主体的、創造的、協同的に取り組む態度を育て、自己の生き方を考えることができるようにする。
第2　各学校において定める目標及び内容 　1　目標 　　各学校においては、第1の目標を踏まえ、各学校の総合的な学習の時間の目標を定める。 　2　内容 　　各学校においては、第1の目標を踏まえ、各学校の総合的な学習の時間の内容を定める。 　3　各学校において定める目標及び内容の取扱い 　　各学校において定める目標及び内容の設定に当たっては、次の事項に配慮するものとする。	第2　各学校において定める目標及び内容 　1　目標 　　各学校においては、第1の目標を踏まえ、各学校の総合的な学習の時間の目標を定める。 　2　内容 　　各学校においては、第1の目標を踏まえ、各学校の総合的な学習の時間の内容を定める。 （新設）

現行（平成29年告示）	旧（平成20年告示・道徳改訂反映後）
(1) 各学校において定める目標については、各学校における教育目標を踏まえ、総合的な学習の時間を通して育成を目指す資質・能力を示すこと。	（新設）
(2) 各学校において定める目標及び内容については、他教科等の目標及び内容との違いに留意しつつ、他教科等で育成を目指す資質・能力との関連を重視すること。	（新設）
(3) 各学校において定める目標及び内容については、日常生活や社会との関わりを重視すること。	【第3　指導計画の作成と内容の取扱い　1 (3) より移行】 (3) 第2の各学校において定める目標及び内容については、日常生活や社会とのかかわりを重視すること。
(4) 各学校において定める内容については、目標を実現するにふさわしい探究課題、探究課題の解決を通して育成を目指す具体的な資質・能力を示すこと。	（新設）
(5) 目標を実現するにふさわしい探究課題については、学校の実態に応じて、例えば、国際理解、情報、環境、福祉・健康などの現代的な諸課題に対応する横断的・総合的な課題、地域や学校の特色に応じた課題、生徒の興味・関心に基づく課題、職業や自己の将来に関する課題などを踏まえて設定すること。	【第3　指導計画の作成と内容の取扱い　1 (5) より移行】 (5) 学習活動については、学校の実態に応じて、例えば国際理解、情報、環境、福祉・健康などの横断的・総合的な課題についての学習活動、生徒の興味・関心に基づく課題についての学習活動、地域や学校の特色に応じた課題についての学習活動、職業や自己の将来に関する学習活動などを行うこと。
(6) 探究課題の解決を通して育成を目指す具体的な資質・能力については、次の事項に配慮すること。 　ア　知識及び技能については、他教科等及び総合的な学習の時間で習得する知識及び技能が相互に関連付けられ、社会の中で生きて働くものとして形成されるようにすること。 　イ　思考力、判断力、表現力等については、課題の設定、情報の収集、整理・分析、まとめ・表現などの探究的な学習の過程において発揮され、未知の状況において活用できるものとして身に付けられるようにすること。	（新設）

現行（平成29年告示）	旧（平成20年告示・道徳改訂反映後）
ウ　学びに向かう力、人間性等については、自分自身に関すること及び他者や社会との関わりに関することの両方の視点を踏まえること。	【第3　指導計画の作成と内容の取扱い　1（4）より移行】 （4）　育てようとする資質や能力及び態度については、例えば、学習方法に関すること、自分自身に関すること、他者や社会とのかかわりに関することなどの視点を踏まえること。
（7）　目標を実現するにふさわしい探究課題及び探究課題の解決を通して育成を目指す具体的な資質・能力については、教科等を越えた全ての学習の基盤となる資質・能力が育まれ、活用されるものとなるよう配慮すること。	（新設）
第3　指導計画の作成と内容の取扱い 1　指導計画の作成に当たっては、次の事項に配慮するものとする。 （1）　年間や、単元など内容や時間のまとまりを見通して、その中で育む資質・能力の育成に向けて、生徒の主体的・対話的で深い学びの実現を図るようにすること。その際、生徒や学校、地域の実態等に応じて、生徒が探究的な見方・考え方を働かせ、教科等の枠を超えた横断的・総合的な学習や生徒の興味・関心等に基づく学習を行うなど創意工夫を生かした教育活動の充実を図ること。	第3　指導計画の作成と内容の取扱い 1　指導計画の作成に当たっては、次の事項に配慮するものとする。 （2）　地域や学校、生徒の実態等に応じて、教科等の枠を超えた横断的・総合的な学習、探究的な学習、生徒の興味・関心等に基づく学習など創意工夫を生かした教育活動を行うこと。
（2）　全体計画及び年間指導計画の作成に当たっては、学校における全教育活動との関連の下に、目標及び内容、学習活動、指導方法や指導体制、学習の評価の計画などを示すこと。その際、小学校における総合的な学習の時間の取組を踏まえること。	（1）　全体計画及び年間指導計画の作成に当たっては、学校における全教育活動との関連の下に、目標及び内容、育てようとする資質や能力及び態度、学習活動、指導方法や指導体制、学習の評価の計画などを示すこと。その際、小学校における総合的な学習の時間の取組を踏まえること。
（3）　他教科等及び総合的な学習の時間で身に付けた資質・能力を相互に関連付け、学習や生活において生かし、それらが総合的に働くようにすること。その際、言語能力、情報活用能力など全	（6）　各教科、道徳科及び特別活動で身に付けた知識や技能等を相互に関連付け、学習や生活において生かし、それらが総合的に働くようにすること。

現行（平成29年告示）	旧（平成20年告示・道徳改訂反映後）
ての学習の基盤となる資質・能力を重視すること。	
(4) 他教科等の目標及び内容との違いに留意しつつ、第1の目標並びに第2の各学校において定める目標及び内容を踏まえた適切な学習活動を行うこと。	(7) 各教科、道徳科及び特別活動の目標及び内容との違いに留意しつつ、第1の目標並びに第2の各学校において定める目標及び内容を踏まえた適切な学習活動を行うこと。
(5) 各学校における総合的な学習の時間の名称については、各学校において適切に定めること。	(8) 各学校における総合的な学習の時間の名称については、各学校において適切に定めること。
(6) 障害のある生徒などについては、学習活動を行う場合に生じる困難さに応じた指導内容や指導方法の工夫を計画的、組織的に行うこと。	（新設）
(7) 第1章総則の第1の2の (2) に示す道徳教育の目標に基づき、道徳科などとの関連を考慮しながら、第3章特別の教科道徳の第2に示す内容について、総合的な学習の時間の特質に応じて適切な指導をすること。	(9) 第1章総則の第1の2に示す道徳教育の目標に基づき、道徳科などとの関連を考慮しながら、第3章特別の教科道徳の第2に示す内容について、総合的な学習の時間の特質に応じて適切な指導をすること。
2　第2の内容の取扱いについては、次の事項に配慮するものとする。	2　第2の内容の取扱いについては、次の事項に配慮するものとする。
(1) 第2の各学校において定める目標及び内容に基づき、生徒の学習状況に応じて教師が適切な指導を行うこと。	(1) 第2の各学校において定める目標及び内容に基づき、生徒の学習状況に応じて教師が適切な指導を行うこと。
(2) 探究的な学習の過程においては、他者と協働して課題を解決しようとする学習活動や、言語により分析し、まとめたり表現したりするなどの学習活動が行われるようにすること。その際、例えば、比較する、分類する、関連付けるなどの考えるための技法が活用されるようにすること。	(2) 問題の解決や探究活動の過程においては、他者と協同して問題を解決しようとする学習活動や、言語により分析し、まとめたり表現したりするなどの学習活動が行われるようにすること。
(3) 探究的な学習の過程においては、コンピュータや情報通信ネットワークなどを適切かつ効果的に活用して、情報を収集・整理・発信するなどの学習活動が行われるよう工夫すること。その際、情報や情報手段を主体的に選択し活用できるよう配慮すること。	（新設）

現行（平成29年告示）	旧（平成20年告示・道徳改訂反映後）
(4)　自然体験や職場体験活動、ボランティア活動などの社会体験、ものづくり、生産活動などの体験活動、観察・実験、見学や調査、発表や討論などの学習活動を積極的に取り入れること。 (5)　体験活動については、第1の目標並びに第2の各学校において定める目標及び内容を踏まえ、探究的な学習の過程に適切に位置付けること。 (6)　グループ学習や異年齢集団による学習などの多様な学習形態、地域の人々の協力も得つつ、全教師が一体となって指導に当たるなどの指導体制について工夫を行うこと。 (7)　学校図書館の活用、他の学校との連携、公民館、図書館、博物館等の社会教育施設や社会教育関係団体等の各種団体との連携、地域の教材や学習環境の積極的な活用などの工夫を行うこと。 (8)　職業や自己の将来に関する学習を行う際には、探究的な学習に取り組むことを通して、自己を理解し、将来の生き方を考えるなどの学習活動が行われるようにすること。	(3)　自然体験や職場体験活動、ボランティア活動などの社会体験、ものづくり、生産活動などの体験活動、観察・実験、見学や調査、発表や討論などの学習活動を積極的に取り入れること。 (4)　体験活動については、第1の目標並びに第2の各学校において定める目標及び内容を踏まえ、問題の解決や探究活動の過程に適切に位置付けること。 (5)　グループ学習や異年齢集団による学習などの多様な学習形態、地域の人々の協力も得つつ全教師が一体となって指導に当たるなどの指導体制について工夫を行うこと。 (6)　学校図書館の活用、他の学校との連携、公民館、図書館、博物館等の社会教育施設や社会教育関係団体等の各種団体との連携、地域の教材や学習環境の積極的な活用などの工夫を行うこと。 (7)　職業や自己の将来に関する学習を行う際には、問題の解決や探究活動に取り組むことを通して、自己を理解し、将来の生き方を考えるなどの学習活動が行われるようにすること。

高等学校学習指導要領比較対照表【総合的な探究 (学習) の時間】

現行（平成30年告示）	旧（平成21年告示）
第4章　総合的な探究の時間 第1　目標 　探究の見方・考え方を働かせ、横断的・総合的な学習を行うことを通して、自己の在り方生き方を考えながら、よりよく課題を発見し解決していくための資質・能力を次のとおり育成することを目指す。 　(1) 探究の過程において、課題の発見と解決に必要な知識及び技能を身に付け、課題に関わる概念を形成し、探究の意義や価値を理解するようにする。 　(2) 実社会や実生活と自己との関わりから問いを見いだし、自分で課題を立て、情報を集め、整理・分析して、まとめ・表現することができるようにする。 　(3) 探究に主体的・協働的に取り組むとともに、互いのよさを生かしながら、新たな価値を創造し、よりよい社会を実現しようとする態度を養う。 第2　各学校において定める目標及び内容 　1　目標 　　各学校においては、第1の目標を踏まえ、各学校の総合的な探究の時間の目標を定める。 　2　内容 　　各学校においては、第1の目標を踏まえ、各学校の総合的な探究の時間の内容を定める。 　3　各学校において定める目標及び内容の取扱い 　　各学校において定める目標及び内容の設定に当たっては、次の事項に配慮するものとする。	**第4章　総合的な学習の時間** 第1　目標 　横断的・総合的な学習や探究的な学習を通して、自ら課題を見付け、自ら学び、自ら考え、主体的に判断し、よりよく問題を解決する資質や能力を育成するとともに、学び方やものの考え方を身に付け、問題の解決や探究活動に主体的、創造的、協同的に取り組む態度を育て、自己の在り方生き方を考えることができるようにする。 第2　各学校において定める目標及び内容 　1　目標 　　各学校においては、第1の目標を踏まえ、各学校の総合的な学習の時間の目標を定める。 　2　内容 　　各学校においては、第1の目標を踏まえ、各学校の総合的な学習の時間の内容を定める。

現行（平成30年告示）	旧（平成21年告示）
(1) 各学校において定める目標については、各学校における教育目標を踏まえ、総合的な探究の時間を通して育成を目指す資質・能力を示すこと。	（新設）
(2) 各学校において定める目標及び内容については、他教科等の目標及び内容との違いに留意しつつ、他教科等で育成を目指す資質・能力との関連を重視すること。	（新設）
(3) 各学校において定める目標及び内容については、地域や社会との関わりを重視すること。	【第3の1の (3)】 (3) 第2の各学校において定める目標及び内容については、日常生活や社会とのかかわりを重視すること。
(4) 各学校において定める内容については、目標を実現するにふさわしい探究課題、探究課題の解決を通して育成を目指す具体的な資質・能力を示すこと。	（新設）
(5) 目標を実現するにふさわしい探究課題については、地域や学校の実態、生徒の特性等に応じて、例えば、国際理解、情報、環境、福祉・健康などの現代的な諸課題に対応する横断的・総合的な課題、地域や学校の特色に応じた課題、生徒の興味・関心に基づく課題、職業や自己の進路に関する課題などを踏まえて設定すること。	【第3の1の (5)】 (5) 学習活動については、地域や学校の特色、生徒の特性等に応じて、例えば国際理解、情報、環境、福祉・健康などの横断的・総合的な課題についての学習活動、生徒が興味・関心、進路等に応じて設定した課題について知識や技能の深化、総合化を図る学習活動、自己の在り方生き方や進路について考察する学習活動などを行うこと。
(6) 探究課題の解決を通して育成を目指す具体的な資質・能力については、次の事項に配慮すること。 ア　知識及び技能については、他教科等及び総合的な探究の時間で習得する知識及び技能が相互に関連付けられ、社会の中で生きて働くものとして形成されるようにすること。 イ　思考力、判断力、表現力等については、課題の設定、情報の収集、整理・分析、まとめ・表現などの探究の過程において発揮され、未知の状況において活用できるものとして身に付けられるようにすること。 ウ　学びに向かう力、人間性等については、自分自身に関すること及び他者や社会との関わりに関することの	（新設） 【第3の1の (4)】 (4) 育てようとする資質や能力及び態度については、例えば、学習方法に関すること、自分自身に関すること、他者

現行（平成30年告示）	旧（平成21年告示）
両方の視点を踏まえること。	や社会とのかかわりに関することなどの視点を踏まえること。
(7) 目標を実現するにふさわしい探究課題及び探究課題の解決を通して育成を目指す具体的な資質・能力については、教科・科目等を越えた全ての学習の基盤となる資質・能力が育まれ、活用されるものとなるよう配慮すること。	（新設）
第3　指導計画の作成と内容の取扱い 　1　指導計画の作成に当たっては、次の事項に配慮するものとする。 　(1) 年間や、単元など内容や時間のまとまりを見通して、その中で育む資質・能力の育成に向けて、生徒の主体的・対話的で深い学びの実現を図るようにすること。その際、生徒や学校、地域の実態等に応じて、生徒が探究の見方・考え方を働かせ、教科・科目等の枠を超えた横断的・総合的な学習や生徒の興味・関心等に基づく学習を行うなど創意工夫を生かした教育活動の充実を図ること。	第3　指導計画の作成と内容の取扱い 　1　指導計画の作成に当たっては、次の事項に配慮するものとする。 　(2) 地域や学校、生徒の実態等に応じて、教科等の枠を超えた横断的・総合的な学習、探究的な学習、生徒の興味・関心等に基づく学習など創意工夫を生かした教育活動を行うこと。
(2) 全体計画及び年間指導計画の作成に当たっては、学校における全教育活動との関連の下に、目標及び内容、学習活動、指導方法や指導体制、学習の評価の計画などを示すこと。	(1) 全体計画及び年間指導計画の作成に当たっては、学校における全教育活動との関連の下に、目標及び内容、育てようとする資質や能力及び態度、学習活動、指導方法や指導体制、学習の評価の計画などを示すこと。
(3) 目標を実現するにふさわしい探究課題を設定するに当たっては、生徒の多様な課題に対する意識を生かすことができるよう配慮すること。	（新設）
(4) 他教科等及び総合的な探究の時間で身に付けた資質・能力を相互に関連付け、学習や生活において生かし、それらが総合的に働くようにすること。その際、言語能力、情報活用能力など全ての学習の基盤となる資質・能力を重視すること。	(6) 各教科・科目及び特別活動で身に付けた知識や技能等を相互に関連付け、学習や生活において生かし、それらが総合的に働くようにすること。
(5) 他教科等の目標及び内容との違い	(7) 各教科・科目及び特別活動の目標及

現行（平成30年告示）	旧（平成21年告示）
に留意しつつ、第1の目標並びに第2の各学校において定める目標及び内容を踏まえた適切な学習活動を行うこと。 (6) 各学校における総合的な探究の時間の名称については、各学校において適切に定めること。 (7) 障害のある生徒などについては、学習活動を行う場合に生じる困難さに応じた指導内容や指導方法の工夫を計画的、組織的に行うこと。 (8) 総合学科においては、総合的な探究の時間の学習活動として、原則として生徒が興味・関心、進路等に応じて設定した課題について知識や技能の深化、総合化を図る学習活動を含むこと。 2　内容の取扱いに当たっては、次の事項に配慮するものとする。 (1) 第2の各学校において定める目標及び内容に基づき、生徒の学習状況に応じて教師が適切な指導を行うこと。 (2) 課題の設定においては、生徒が自分で課題を発見する過程を重視すること。 (3) 第2の3の(6)のウにおける両方の視点を踏まえた学習を行う際には、これらの視点を生徒が自覚し、内省的に捉えられるよう配慮すること。 (4) 探究の過程においては、他者と協働して課題を解決しようとする学習活動や、言語により分析し、まとめたり表現したりするなどの学習活動が行われるようにすること。その際、例えば、比較する、分類する、関連付けるなどの考えるための技法が自在に活用されるようにすること。 (5) 探究の過程においては、コンピュータや情報通信ネットワークなどを適切かつ効果的に活用して、情	び内容との違いに留意しつつ、第1の目標並びに第2の各学校において定める目標及び内容を踏まえた適切な学習活動を行うこと。 (8) 各学校における総合的な学習の時間の名称については、各学校において適切に定めること。 （新設） (9) 総合学科においては、総合的な学習の時間の学習活動として、原則として生徒が興味・関心、進路等に応じて設定した課題について知識や技能の深化、総合化を図る学習活動を含むこと。 2　第2の内容の取扱いについては、次の事項に配慮するものとする。 (1) 第2の各学校において定める目標及び内容に基づき、生徒の学習状況に応じて教師が適切な指導を行うこと。 （新設） （新設） (2) 問題の解決や探究活動の過程においては、他者と協同して問題を解決しようとする学習活動や、言語により分析し、まとめたり表現したりするなどの学習活動が行われるようにすること。 （新設）

現行（平成30年告示）	旧（平成21年告示）
報を収集・整理・発信するなどの学習活動が行われるよう工夫すること。その際、情報や情報手段を主体的に選択し活用できるよう配慮すること。 (6) 自然体験や就業体験活動、ボランティア活動などの社会体験、ものづくり、生産活動などの体験活動、観察・実験・実習、調査・研究、発表や討論などの学習活動を積極的に取り入れること。 (7) 体験活動については、第1の目標並びに第2の各学校において定める目標及び内容を踏まえ、探究の過程に適切に位置付けること。 (8) グループ学習や個人研究などの多様な学習形態、地域の人々の協力も得つつ、全教師が一体となって指導に当たるなどの指導体制について工夫を行うこと。 (9) 学校図書館の活用、他の学校との連携、公民館、図書館、博物館等の社会教育施設や社会教育関係団体等の各種団体との連携、地域の教材や学習環境の積極的な活用などの工夫を行うこと。 (10) 職業や自己の進路に関する学習を行う際には、探究に取り組むことを通して、自己を理解し、将来の在り方生き方を考えるなどの学習活動が行われるようにすること。	(3) 自然体験や就業体験活動、ボランティア活動などの社会体験、ものづくり、生産活動などの体験活動、観察・実験・実習、調査・研究、発表や討論などの学習活動を積極的に取り入れること。 (4) 体験活動については、第1の目標並びに第2の各学校において定める目標及び内容を踏まえ、問題の解決や探究活動の過程に適切に位置付けること。 (5) グループ学習や個人研究などの多様な学習形態、地域の人々の協力も得つつ全教師が一体となって指導に当たるなどの指導体制について工夫を行うこと。 (6) 学校図書館の活用、他の学校との連携、公民館、図書館、博物館等の社会教育施設や社会教育関係団体等の各種団体との連携、地域の教材や学習環境の積極的な活用などの工夫を行うこと。 （新設）

■著者紹介

原田 恵理子（はらだ　えりこ）　編者
　　　第9章2・コラム・おわりに
　　東京情報大学総合情報学部総合情報学科／教職課程准教授

森山　賢一（もりやま　けんいち）　編者
　　　はじめに・第1章・第2章・第3章
　　玉川大学大学院教育学研究科教授
　　玉川大学教師教育リサーチセンターリサーチフェロー
　　東京情報大学客員教授
　　独立行政法人教職員支援機構特任フェロー

神永　典郎（かみなが　のりお）
　　　第4章・第5章
　　白百合女子大学人間総合学部教授

高橋　知己（たかはし　ともみ）
　　　第6章・第7章・第8章
　　上越教育大学大学院学校教育研究科教授
　　いじめ・生徒指導研究センター長

齋藤　諭（さいとう　さとし）
　　　第8章コラム・第9章1
　　千葉工業大学教育系職員
　　東京情報大学非常勤講師

基礎基本シリーズ⑤
最新 総合的な学習（探究）の時間
2021年6月25日　初版第1刷発行

■編 著 者──原田恵理子・森山賢一
■発 行 者──佐藤　守
■発 行 所──株式会社 大学教育出版
　　　　　　〒700−0953　岡山市南区西市855−4
　　　　　　電話(086)244−1268(代)　FAX(086)246−0294
■Ｄ Ｔ Ｐ──難波田見子
■印刷製本──モリモト印刷(株)

ISBN978−4−86692−109−9

シリーズ紹介

基礎基本シリーズ① 『最新　生徒指導論』

生徒指導の目的、子どもの問題行動への対応及び学校・家庭・地域社会等の連携の在り方など、生徒指導にかかわる基礎理論について「生徒指導提要」を踏まえてまとめたテキスト。

定価：1,500 円＋税　ISBN：978-4-86429-376-1　2015 年 3 月刊行

基礎基本シリーズ② 『最新　進路指導論』

キャリア発達・自己実現を目指す進路指導に関する基礎的基本的な事柄を取り上げ、その基礎基本を理解した上で教師としての指導観や実践力を培うためのテキスト。

定価：1,500 円＋税　ISBN：978-4-86429-377-8　2015 年 3 月刊行

基礎基本シリーズ③ 『最新　特別活動論 第 3 版』

特別活動の基本的事項から新たな展開までを取り上げ、実現可能で教育効果の高い特別活動を構想するためのエッセンスを提示するテキスト。

定価：1,800 円＋税　ISBN：978-4-86692-108-2　2021 年 5 月刊行

基礎基本シリーズ④ 『教員の在り方と資質向上』

教職の意義及び教員の役割・職務内容の観点から、基礎的基本的な事柄を取り上げた、教職を目指す学生や教師力を高めたい現役の教師のためのテキスト。

定価：1,500 円＋税　ISBN：978-4-86429-529-1　2018 年 8 月刊行